杏林翘楚

蒋文照教授

（1925—2008）

岐黄生涯

摄于1956年

摄于1957年

摄于1979年

摄于1980年

摄于1998年

摄于2007年

悬壶济世

主编学报

悉心诊疗

老友相逢（为金庸先生诊脉）

弘扬国粹（蒋老带教留学生）

授业传薪（蒋老与学术继承人周亮、徐珊）

天伦之乐

蒋老夫妇与孙子在一起

上海市重点图书
蒋文照名老中医药专家传承工作室项目

蒋文照医学丛书

蒋文照医学传承

徐　珊　徐燕立　杨季国　冯　立　**编著**

上海浦江教育出版社
（原上海中医药大学出版社）

内 容 提 要

本书在阐述蒋文照医学的源流、特色的基础上，介绍了蒋文照教授所师承的一代名医陈莲舫、李子牧、徐松全的生平和学术贡献；蒋文照医学的传承，选录了蒋文照医学后继者的杏林步履、医学传承和学术研究，重点展示了具有蒋文照医学特色的脾胃病证以及“和”法等方面的成果和贡献。全书内容丰富，可读性强，可供中医药人员和爱好者阅读参考之用。

图书在版编目(CIP)数据

蒋文照医学传承 / 徐珊等编著. —上海：上海浦江教育出版社有限公司，2013.3

ISBN 978-7-81121-267-9

Ⅰ.①蒋… Ⅱ.①徐… Ⅲ.①蒋文照-生平事迹 Ⅳ.①K826.2

中国版本图书馆 CIP 数据核字(2013)第 045900 号

上海浦江教育出版社(原上海中医药大学出版社)出版

社址：上海海港大道 1550 号上海海事大学校内　邮政编码：201306

分社：上海蔡伦路 1200 号上海中医药大学校内　邮政编码：201203

电话：(021)38284912(发行)　38284923(总编室)　38284916(传真)

E-mail：cbs@shmtu.edu.cn　URL：http：//www.pujiangpress.cn

上海市第十印刷有限公司印装　上海浦江教育出版社发行

幅面尺寸：169 mm×239 mm　印张：12.25　插页：4　字数：213 千字

2013 年 3 月第 1 版　2013 年 3 月第 1 次印刷

责任编辑：黄　健　封面设计：赵宏义

责任校对：郁　静　定价：30.00 元

《蒋文照医学丛书》编委会

序

名中医药专家是发展中医药事业十分宝贵的人才资源，具有鲜明的学术特点和重要的学术地位。浙江中医药大学蒋文照教授是全国首批名老中医药专家学术经验继承工作指导老师，他传承晚清名医陈莲舫的学术思想，崇尚“中和”理念，临证善用和法取效，在脾胃病方面形成了独特理论见解和临床诊疗方法。徐珊教授等人认真总结其师蒋文照教授的学术思想和临证经验，组织编写了《蒋文照医学丛书》，包括《蒋文照学术撷英》《蒋文照医案精选》《蒋文照医学传承》和《蒋文照手稿真迹》等 4 种。这是名老中医药专家学术经验传承工作的一项有益成果，必会为启迪后学、促进中医药传承与发展发挥积极作用。

随着党和国家更加重视中医药，广大人民群众更加信赖中医药，国际社会更加关注中医药，中医药事业迎来了良好的发展战略机遇期。衷心希望广大中医药工作者抓住机遇，以名老中医为榜样，坚持读经典，跟名师，多临床，启悟性，善思辨，弘扬大医精诚的医德医风，不断成长进步，为我国中医药事业发展作出新的更大的贡献。

王国强

卫生部副部长

国家中医药管理局局长

二〇一二年七月二十五日

患 者 心 声

我在30多岁时直肠生了息肉，听说蒋医生暑假期间在其老家蒋村应诊，我就去蒋村看病。一到了他家，满屋子、满院子都是病人，大约有两三百人。天太热人又多，大家都拿号排队等着。蒋医生家还要供应茶水给我们，一天从早忙到晚，连吃饭的功夫都没有。蒋医生看病，从来不收我们一分钱。我看病的时候他问的很详细，关照我哪些东西不要吃。我的病治好了，每年暑假都还是要去蒋医生家复查，而且有好多人都要跟我一起去看病。今年我已77岁了，想起这些，我庆幸自己遇上了医术和医德都这么好的医生。

我有个同学在电厂工作，患了尿频症，几分钟就要小便一次。我陪他一起去杭州蒋医生家里看病，蒋医生态度和善，满脸笑容对待病人，去一趟病就看好了。

这次我生了好几年的病，可以说是死里逃生。我想吃中药，得知蒋医生去世了，真不知道怎么办才好。后来打听到蒋医生的学生叫徐珊，每逢星期二在浙江中医药大学中医门诊部看病。我得的是肝硬化，有腹水，非常严重，不像人样。我总共去了十多次，病情就有了好转，现在腹水都没有了，真是名师出高徒。

喜闻徐珊医生正在组织整理和总结蒋医生的治病经验，编写出版《蒋文照学术撷英》《蒋文照医案精选》《蒋文照医学传承》和《蒋文照手稿真迹》，希望蒋医生的临床经验得以传承下来，造福于病人。传承名医经验技术，培养更多像蒋医生一样的好医生，而且蒋医生也有了医学传人，我们感到非常欣慰。

黄伯年

二〇一二年七月十九日

于浙江省嘉善县天凝

医如其人，和为圣度

——代前言

2008年7月19日，我正用晚餐，突然接到恩师蒋文照教授家的电话，说蒋老身体不好，我稍作询问，就有一种不祥之感，马上要求呼叫“120”，并立即赶往医院。突如其来的讯息，使我感到心神不宁。蒋老患有多种慢性病，身体状况已大不如前。前一天上午蒋老专家门诊，求诊的病人很多，一直忙到中午一点过后才下的班。蒋老已八十多岁的高龄，又是酷暑炎热之季，由于已有多日没有拜见，得知蒋老能坚持这么长的时间工作，窃以为蒋老的身体还不错，而高龄体弱又加之过度透支所带来的身体突然变故，必然是元气大伤，精亏气耗神衰，怕是凶多吉少。我先期到达医院，待见到蒋老时，老人家已是面色苍白，冷汗淋漓，呼吸气微之阳气暴脱危象。虽经医院全力抢救，蒋老还是永远离开了尊敬他和深爱着他的病人、学生和同事。

蒋老1925年10月4日出生于浙江省嘉善县，1944年拜晚清御医陈莲舫再传弟子嘉兴名医徐松全为师。1952年参加嘉善县天凝区联合诊所工作并任负责人，为民解除疾苦，饮誉乡里。1956年保送浙江省中医进修学校（浙江中医药大学之前身）师资班学习，翌年以优异成绩留校任教。1959年又赴北京中医学院医经教研班深造。1982年由浙江省卫生厅命名为省级名老中医，1991年被批准为首批全国老中医药专家学术经验继承工作指导老师，1993年被国务院授予“具有突出贡献专家”证书，享受“政府特殊津贴”。师出名门的蒋老医教生涯60余载，医术精湛，医德高尚，成绩斐然，可谓是德才双馨，得到社会的尊重与敬仰，然而他待人处事一贯以和为贵，信守和谐，一生追求和为圣度，无怪乎同事称其为谦和的学者，学生尊其为随和的师长，患者奉其为和蔼的医生。

我有幸成为蒋老的研究生和学术经验继承人，每每聆听教诲，获益匪浅。《中庸》说:“中也者,天下之大本也;和也者,天下之达道也。致中和,则天地位焉,万物育焉。”所谓“中”指的是平衡,是天下万事万物的根本,“和”指的是和谐,是天下共行的大道。蒋老常说,中和的道理推而广之,达到圆满境界,天地万物则能各安其所,各随其生。作为医者,更须顺应自然之理,保持人体自身及与自然、社会等的和谐。在蒋老的指导下,我先后完成了以《内经》“非常则变”为命题的硕士学位论文和“气郁浊阻病生,和理疏达法验——蒋文照教授学术经验和技术专长”的全国老中医药专家学术经验继承工作结业论文,可以说是从专业的角度探索了“和”的涵义。

2011 年 7 月 25 日,在蒋老逝世三周年的前夕,我带着学生等一行专程前往蒋老的家乡,探访先生足迹,缅怀老师业绩,了却了我多年的心愿。嘉善蒋村,水乡和美,惠风和畅,民风祥和,俗云“一方水土养一方人”,信哉是言。村民对蒋老大慈恻隐之心,普救含灵之苦津津乐道。对于“和”有了更深更多的感悟。

蒋老临证,善用和法取效。和法治疗强调综合调治,疏通气机,在恢复机体生理平衡方面,有独到意义。因而不论是外感疾病,还是内伤杂证,其应用前景十分广泛。蒋老临证善用和法,粗略而计,和法方药十居七八。综观蒋老运用和法之方药,在组成结构上,具有重视和解药之运用、相反药物协调组合、巧用扶正补虚药物、配伍调气和血之品等 4 个特点。临床所见之疾病每多证候错综复杂,既非纯虚,又非纯实,既少纯寒,亦少纯热,常呈寒热错杂,虚实并见之状。和法疏通调和,使之归于平衡。

其实,“和”的理念源远流长,寓意深刻,需要我们去领悟,需要我们去践行,使之得以传承。“和”可以说是中华传统文化的精髓,无论是做人还是行医,都是我们追求的境界,并以此告慰蒋老的在天之灵。

幸逢国家中医药管理局立项建设“蒋文照名老中医药专家传承工作室”,在浙江省中医药管理局和浙江中医药大学的关心和支持下,兹组织编写《蒋文照医学丛书》,共计《蒋文照学术撷英》《蒋文照医案精选》《蒋文照医学传承》和《蒋文照手稿真迹》等 4 册,上海浦江教育出版社将其列入重点出版项目,并被上海市新闻出版局批准为“上海市重点图书”。能传承蒋文照教授的学术思想、临证经验和文化理念,也是我多年之夙愿。

徐　珊

二〇一二年十月十六日于杭州

编写说明

《蒋文照医学传承》为《蒋文照医学丛书》之第三册。编写本书的目的是传承蒋文照教授的学术思想和临证经验。全书分为绪言，以及渊源、传承、后继三篇。绪言阐述了蒋文照医学的源流、形成及其特色等。渊源篇介绍了蒋文照教授所师承的一代名医陈莲舫、李子牧、徐松全先生的生平及其医学成就与贡献。传承篇展示了蒋文照教授的医学传承和在脾胃病证以及和法等方面的学术成就。后继篇则收录了蒋文照医学的后继者，其中蒋文照教授的研究生和学术经验继承人两人，徐珊教授的研究生、学术继承人，指导的名中医等 52 人。在编写体例上，每人单独成篇，分为杏林步履、医学传承、学术研究三部分。杏林步履概述个人简历，包括学医从医经历、工作单位、职称职务、荣誉称号等。医学传承则介绍师承的老师、时间，获得的学历学位和荣誉称号，指导带教研究生和师承性质的学生情况。学术研究部分简述在中医药医疗、教学、科研、文化，以及管理方面的研究，特别是围绕具有蒋文照医学特色的脾胃病证与和法的临床专长、诊疗特色，以及课题、论文、著作、获奖成果等。全书内容丰富，可读性强，可供中医药人员和爱好者阅读参考之用。

在本书的编写过程中，李子牧先生的玄孙嘉兴市中医医院李士荣先生为本书专门制作了李子牧先生的钢笔画像；徐松全先生的长孙嘉兴市油车港马厍汇徐浩先生提供了弥足珍贵的徐松全先生脉案医案等，在此深表谢意。

由于时间仓促，水平有限，不足之处在所难免，敬请读者批评指正。

《蒋文照医学传承》编写组

二〇一二年十月二十六日

目　　录

绪　言

中医流派历来是中医学术发展的重要源泉，中医学数千年的历史，孕育和产生了无数的著名医家，发展和形成了众多的学术流派，蒋文照医学是具有鲜明特色的中医学术流派。

蒋文照教授是著名的脾胃病专家，一代名医。1982 年被浙江省人民政府命名为浙江省名中医，1991 年批准为全国第一批老中医药专家学术经验继承工作指导老师，1993 年被国务院授予“具有突出贡献专家”证书，并享受“政府特殊津贴”，2010 年国家中医药管理局将“蒋文照名老中医药专家传承工作室”列为全国名老中医药专家传承工作室建设项目。浙江电视台“钱塘中医故事”中蒋老在谈到自己的学医经历时说：“我跟师嘉兴名医徐松全学习中医，学了五年。”“我的业师是陈莲舫的再传弟子，就是陈莲舫徒弟的徒弟。”他在自传中也写道：徐松全医术很好，诊务繁忙，“来找他看病的人很多，一天上午看一百个病人。印象特别深刻的是那种表现不明显的病，别人看不好，但是在他手上就看好了。”“故我于 1944 年 2 月 25 日由翁善言介绍去杨庙徐松全诊所学医。”蒋老师承徐松全，徐氏乃晚清御医陈莲舫弟子嘉兴名医李子牧的学生。陈莲舫、李子牧、徐松全，皆为名医大家。

蒋老医教工作 60 载，师承名家，颇多受益，平脉辨证，学验俱丰，临床精于内科，兼及妇儿，诊治脾胃病证尤为擅长。从做人，做学问，到做医生，蒋老崇尚“中和”理念，临证善用和法取效，形成了具有独特理论见解，临床技术和诊疗手段等中医流派特色的蒋文照医学。蒋老在总结回顾时曾经这样说道：“我现在主要看脾胃病”，并谦虚地说：“承传了陈莲舫和徐松全他们的方法，自己稍微有点发展。”

蒋老不仅精于临床，而且勤于传授，他指导带教研究生，特别是 1991 年，蒋老作为全国第一批老中医药专家学术经验继承工作指导老师，指导带教 2 名学术经验继承人，使其在脾胃病证与和法方面具有独特的理论见解，临床技术和诊疗手段得以传承。

蒋老的学术经验继承人之一徐珊教授，是中医内科学专业脾胃病方向的硕士研究生和博士研究生指导老师，2001 年被评为“浙江省名中医”，2007 年被浙江省人民政府授予“浙江省有突出贡献中青年专家”称号，2008 年批准为第四批全国老中医药专家学术经验继承工作指导老师，并担任“蒋文照名老中医药专家传承工作室”项目负责人。从事医教研工作 40 年，围绕脾胃（消化系统）病证与和法，开展临床医疗，学术研究，并指导带教研究生和学术经验继承人等 50 多人，他们中的大多数人已成为医疗、教学、科研，以及管理岗位的骨干，其中刘云霞、吴晋兰、茹清静、胡炜 4 人入选全国优秀中医临床人才，马伟民评为全国基层优秀中医，刘云霞、吴晋兰、马伟民、杨江升、胡炜 5 人评为副省级市和地市级市名中医，茹清静、张爱琴、孙梅 3 人获浙江省中青年临床名中医称号，吴晋兰、马伟民 2 人获浙江[illegible]号，蒋文照医学后继有人，后继有才，薪火相传[illegible]光大。

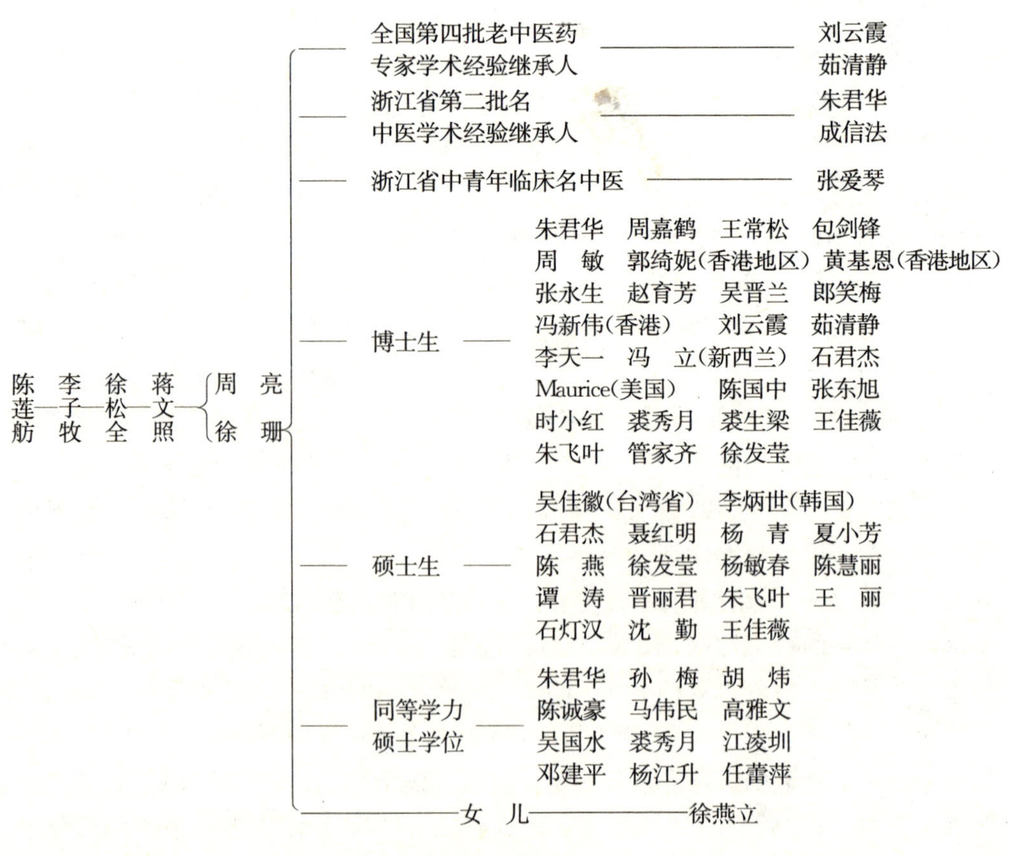

蒋文照医学传承图

从蒋文照医学的渊源、形成和发展过程中反映出以下的特点：

首先，是享有盛誉的名医作为代表人物。蒋文照医学渊源于陈莲舫、李子牧和徐松全。陈莲舫为清末医家，世代业医，乃第 19 代陈氏传人。光绪年间，奉召五入京城，为光绪、慈禧治病，有“国手御医”之称。李子牧弱冠师承陈莲舫，业成悬壶嘉兴、上海等地，医名卓著，曾陪同陈莲舫赴京为慈禧诊病。徐松全师承李子牧，获其真传。既擅长温病，取法叶天士；又兼治内妇儿杂证，法宗陈莲舫，盛誉一方。从陈莲舫到蒋文照及至徐珊所指导带教的学生已有 6 代，代有名医。他们在诊疗技术和临床疗效上具有显著优势和特点，在学术研究上又有独特的理论见解和学术观点，且在民众中享有盛誉。这不仅形成了特色明显的中医流派，也推动了中医学术的发展。

再者，是拥有独特的学识医术自成体系。流派的重点在于独特学术的传承，学指学识理论，术为医术经验，学和术不能截然分开，而是有机联系一体。作为御医的陈莲舫师古通今，权衡达变，活法圆机，周到全面。用药讲究平和允当，轻灵取胜，遣方用药，慎之又慎，再三斟酌。其弟子后学多以承传。蒋老深谙太师医训，临证领悟内科为各科基础，脾胃又为内科基础，凸显脾胃学说之重要性。而中医乃“致中和”之医学，和其不和为治病之本。故而，蒋老长期致力于脾胃病证与和法的研究，形成了独特的理论见解、临床技术和诊疗手段。

其三，是具有明确的传承关系一脉相传。蒋文照医学以独特的学识医术等为基础，又有明确的传承关系，有一批实践这种见解、技术和经验的承传者。陈莲舫曾说：“知古而不泥古，方是良医。”他崇尚经典，但在具体运用过程中，却能灵活应变，不落窠臼，提倡“守经尤贵达变”的治学方法。传承蒋文照医学，力求发展创新：一是传承模式更新，师承教育与院校教育相结合；二是人才素质要求，传统经典融入新知；三是医疗研究领域，立足脾胃中州而拓展学科内涵外延。如是学术流派人才涌现，名医辈出。完成的蒋文照医学的科研成果“蒋文照教授诊治脾胃病经验特色研究”，1998 年获浙江省中医药科学技术进步三等奖；“蒋文照学术思想及临证经验研究”项目 2005 年列入“十五”国家科技攻关计划，该项成果 2008 年获浙江省中医药科学技术创新二等奖。尤其是承传者多学科、多层次、多角度、多方位研究脾胃病证，又将脾胃学说广泛应用于临床，传承而不泥古，发展有创新，蒋文照医学呈现出欣欣向荣的可喜景象。

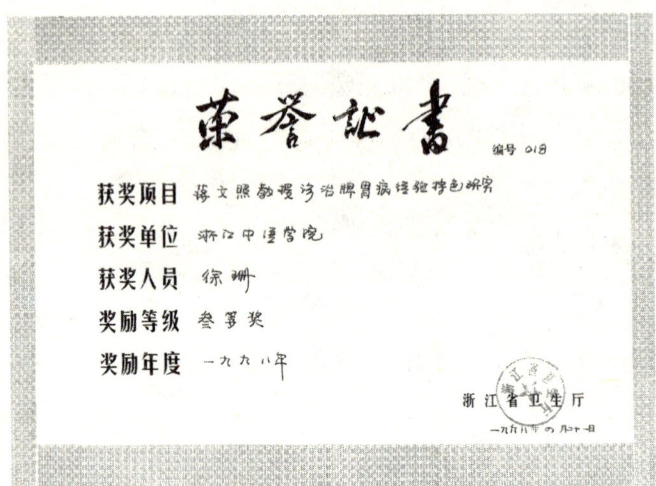
荣誉证书

编号 018

获奖项目 蒋文照教授治疗脾胃病经验特色研究

获奖单位 浙江中医学院

获奖人员 徐珊

奖励等级 叁等奖

奖励年度 一九九八年

浙江省卫生厅

浙江省中医药科学技术进步三等奖证书

奖励证书

浙江省中医药科学技术创新奖

二等奖

受奖项目：蒋文照、葛琳仪学术思想及临证经验研究

受奖单位：浙江中医药大学

受奖励者：徐珊、魏佳平、邵加、张永生、徐发莹、杨敏春、赵育芳、李卫平　蒋文照、葛琳仪

第 200800011 号

浙江省卫生厅

二〇〇八年五月十日

浙江省中医药科学技术创新二等奖证书

渊 源 篇

陈莲舫

【岐黄历程】陈莲舫(1840—1914),男,上海市青浦区人,清末医家。名秉钧,别署庸叟,又号乐余老人,青浦陈氏十九世医。早年随祖父陈涛侍诊,潜心医学,得其传而过之。光绪二十六年(1900 年)悬壶上海北海路,求治者门庭若市。翌年应聘赴湖北为两广总督张之洞治病,逢张之幕僚李平书,与之结为莫逆交。光绪二十九年两人与中医朱紫衡等创立医学会,光绪三十二年又相与创办上海医务总会,以研究中西医术为宗旨。光绪年间,奉召五入京城,为光绪、慈禧治病。任御医值御药房事,封为三品刑部荣禄大夫,颁赐"恩荣五召"堂额。其足迹遍及江、浙、皖、鄂、湘、直、粤诸省,有"国手御医"之称。老年辞官寓居上海,曾任上海广仁堂医务总裁及各善堂施诊所董事等职。

陈莲舫(1840—1914)

【医学传承】陈家世代业医,陈莲舫先生为第 19 代传人,后自称为"十九世医陈"。其曾祖父陈佑槐,祖父陈涛,父陈垣,皆以行医为业。陈莲舫自幼学习儒业,同时随祖父习医。继承家学,勤于思考,师古通今,推陈出新,悬壶行医,名噪一时。为人质朴敦厚,崇尚医德。光绪壬寅年(1902 年),创办了"上海医会",并且编写中医教材,开办中医学校,致力于中医教育事业。弟子有李子牧、陈蓉舫、寿时中等 300 余人,医名遍及全国。其子陈山农(字承睿)、箓箓(字承奇)、其孙等,皆承家业,亦有医名。

【学术成就】陈莲舫精通医理,熟稔经方,洞晓脉理,擅治内、外、妇、儿诸科杂证,立案处方配合灵妙,用药轻灵平稳。上至王公大臣封疆大吏,下至贫民百姓,求治者甚众,治病也是药到病除,救治无数危候。他在青浦古镇朱家角悬壶行医,因医术高明，四方求诊者不远千里而来，当时陈氏宅前的放生桥至何家桥一段河面，求医船只常挤得水泄不通。久而久之，不少官场人物也都慕名前来，一时名声大振。一日，陈莲舫被召至浪台。他为光绪帝一诊脉，便知其病乃心情忧郁，火气过旺，加之久居内宫，食之不消，本无大病，就开了二贴降火开胃之方，岂知方子开好呈上后却未被批阅通过，原来这位年轻的皇上过于迷信补药，每每一剂药方中必加人参。陈莲舫心想，消化不良而再食人参，岂非火上浇油，万一皇上病情加重，弄得不好，我还会遭杀身之祸。正在左右为难之际，他突然急中生智，计上心头。他仍在原药方内加入人参，只是将人参煨成了炭，光绪帝见了此方大喜，一帖药服下去，病不久就痊愈了。其实，人参煨成炭，反而有了消食开胃的功能，当然对病情有利。

陈莲舫医学著述甚多，常以对经典著作加按语、眉批的方式阐发己见，现存有《陈莲舫先生医案》《陈莲舫先生医案秘钞》《十二经分寸歌》《御医请脉详志》《莲舫秘旨》《医案拾遗》《女科秘诀大全》《加批时病论》《加批校正金匾心典》等医书。福建科学技术出版社陆续出版了列入国家规划重点图书的《陈莲舫医案集》《女科秘诀大全》等，深受读者的欢迎。

兹录陈莲舫医案5则如下，以观其出神入化的和法应用。

[案1] 肝气

徐，右。肝气犯中，中焦积痰蓄饮，当脘痛胀，吞酸吐沫，气入于络，腰背胁部以及手足络脉皆为牵引，奇经遂失禀丽，产后经久不行，脉见细弦。治以和养。法半夏、抱木神、玉蝴蝶、炒丹参、左金丸、远志肉、炒杜仲、合欢花、东白芍、佛手花、桑寄生、新会皮、丝瓜络、玫瑰露炒竹茹。

复：久有肝气，自产后营阴大伤，厥阴更为失养，皆以春令应肝，肝邪遂为鸱张，既犯中，又入络，脘腹胀满，遍体络脉牵引不和。肝通于心，心亦为悸，奇经因之失丽。癸事不行已经连月，种种营亏气痹，木土不协，脉见细弦。治以调降。西洋参、抱木神、炒当归、炒丹参、法半夏、远志肉、桑寄生、合欢花、左金丸、玉蝴蝶、炒杜仲、乌勒草(一钱五分)、玫瑰露炒竹茹、丝瓜络、代代花。

[案2] 肠风

沈，左，四十二。阳明郁热，肝脾统脏两为失司，以致气陷为肛坠，营虚为肠风。脉息沉弦，舌苔微灰。嗜烟体气阴两伤，调理不可偏阴偏阳，治以和养。党参、赤曲、扁豆衣、诃子肉(一钱五分)，於术、地榆、炒椿皮、炒荆芥、元斛、白芍、丹参、炒扁柏、炒荷蒂、枣。

复：肠风绵延，或轻或重，血下如水，甚则后重，脉见沉弦。阳明郁热，肝脾又失统脏，以致营不为守，再以和养。於术、丹参、茯苓、椿皮、地榆、赤芍、白芍(各一钱)，扁柏、扁豆衣、元斛、新会、炒荆芥、赤曲、荷蒂、枣。

［案 3］嗳气

沈，左。当脘满闷，屡屡发嗳，多纳即为作胀，属脾失其使，胃失其市，中焦升降失职，水谷不化精华，而生痰饮，久防反胃，脉见沉弦。治以调降。法半夏、全福花、抱木神、毕澄茄、左金丸、代赭石、远志肉、佛手花、东白芍、炒丹参、范志曲、新会、红玫瑰露炒竹茹。

［案 4］关格

李，左，三十四。关格数年，一饮一食皆难停留，必得吐尽后已，渐至气久不能升降。现在阴液亦为枯槁，呕甚见血，脘腹通连梗痛，脉六部细微。无六淫外感，亦无七情内发，昨晚形寒发热，寒暖不调所致。拟调中降逆。吉林须、全福、木神、姜半夏、川连(元米炒)、代赭、益智、丹参、苏梗、瓦楞、志曲、会皮、姜竹茹、伏龙肝。

［案 5］呕血

左。阳明为多气多血之经，血随气沸，或紫或红，皆属整口。久防损及肝肺，渐加咳嗽。脉见弦数，治以和降。细生地、旱莲草、白芍、茯苓、川石斛、女贞子、蛤壳、归须、参三七、盆秋石、仙鹤草、鲜藕汁(一小杯)。

参考文献

陈莲舫. 陈莲舫医案集[M]. 福州：福建科学技术出版社，2008：24—25，80，27，103，68.

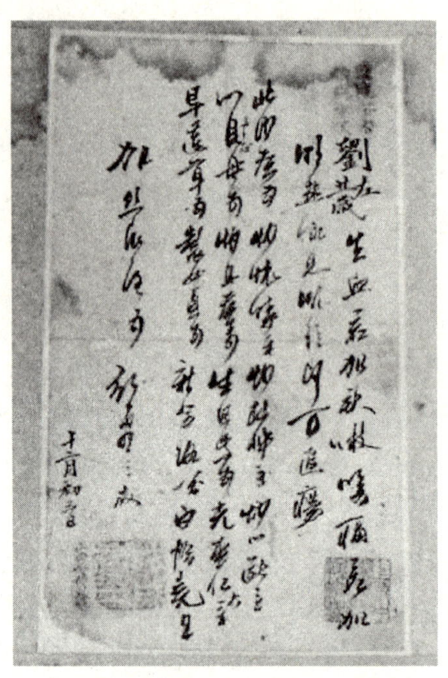

陈莲舫医方

前清御醫陳蓮舫醫案秘鈔　门人董人鑑韻笙校訂

光绪皇帝醫案

戊申四月十七日請得

皇上脉弦尖均減重按輕按皆力而軟以脉議證頭為
諸陽之會足為至陰之部虛陽少潛耳竅堵響未
平又為眩暈真陰不充足脛痠痛就輕又移腰跨
先天之本虛後天之氣弱胃之容物脾之消滞升
降失度清濁每易混淆所以脘宇膜脹作噯更
衣溏結不調處方用藥謹擬陰不能表藉以解熱
熄風氣不膩不滞藉以運滞化濕

陈莲舫医案

李子牧

【岐黄历程】李子牧(1868—1933),男,秀水(今浙江省嘉兴市)人,清代名医。字滋漠,又名保常。弱冠师承青浦(今上海市)御医陈莲舫,业成悬壶嘉兴、上海等地,医名卓著,并陪同陈莲舫赴京为慈禧太后诊病。曾任嘉兴医师公会干事长,参与筹办施药局等。

李子牧(1868—1933)

【医学传承】弱冠负笈从陈莲舫游,得师真传,乃其师之得意弟子。1910 年收嘉兴油车港马厍汇徐松全为弟子。其子李树滋,继其业,任职于嘉兴市中医院,亦有医名。

【学术成就】李子牧精通典籍,博采众长,擅治时病,组方轻灵。晚年,尤以调治内、妇、杂证为专长,择药精细,喜用鲜品,特别注重护养脾、胃,分别阴、阳选药,或宗东垣,或法天士,井然有序,学博而不泥。

李子牧藏书极富,无论《内经》《难经》等典籍,以及先贤名著,觅其善者皆集之,尤其爱购"本草"书籍,并经认真研究,增辑而成《重订增补本草备要》八卷。另有《李子牧医案》二卷,为其弟子所辑集,载案说理清晰,简明扼要,辨证精确,择药恰当,可师可法。

其弟子徐松全收集李子牧医案,1964 年发表在《浙江中医杂志》第 7 卷第 9 号上,兹选录如下。

[案 1] 肝是先天,心脾为依附;冲原血海,任带为系维。三阴既虚,八脉亦损,营虚生热,气虚生痰,痰热互扰,化气化风,犯中宫,脘满腹痛;上巅顶,目蒙头疼;窜络脉,手麻足软;走筋骨,脊楚腰痠。癸事趱前,带下不固,脉左滑右弦,舌尖红白,拟养营以熄热,参调气以化痰。西洋参(米炒)、炒丹参、抱木神、杭菊花、炒杜仲、白蒺藜(去刺)、竹沥夏、生白芍、远志肉、金毛狗脊。

[案 2] 身半以上为风肿,身半以下为水肿,上下皆肿,名曰风水。水宜利二便,风宜发腠理,内经开鬼门、洁净府,是为得之。紫浮萍、赤苓皮、川椒目、甜葶苈、杜赤豆、川桂枝、川牛膝、大腹皮、黑白丑、真针砂、木防己、冬瓜皮、老姜皮、陈麦秆。

[案 3] 冬温逆传心包,身热神昏,疹点欲现不现,口渴引饮。舌苔前半绛、后

半干黄，脉两寸关滑大。拟宗喻西江芳香透窍，吴淮阴辛凉泄表。犀角尖(磨冲)、鲜石斛、淮银花、羚羊角、连翘心、天花粉、天竹黄、白茯神(辰拌)、甘中黄、川贝母、冬桑叶、西赤芍、棉纱线、牛黄丸(灯心汤化)。

复诊：疹点透发，身热渐解，惟口渴引饮，舌苔前半绛、后半干黄，脉两寸关洪大较减、尚见滑数，阴液灼伤，余焰未熄，所喜神志已清，可免反复致险。鲜石斛、连心麦冬、淮银花、天花粉、川贝母、京元参、经霜桑叶、抱茯神(辰拌)、连翘心、丝瓜络、光杏仁、白通草、生梨皮、活芦根。

按：喻西江即喻昌(约 1585—1664 年)，清代医学家，字嘉言，别号西昌老人，江西新建(西昌)人。研读医书，在常熟行医。晚年著《尚论篇》《医门法律》《寓意草》等书。推崇《伤寒论》，长于内科杂病，强调辨证论治。

吴淮阴即吴瑭(约 1758—1836 年)，清代著名医学家，字鞠通，江苏淮阴人。受吴有性，特别是叶天士的影响和启发，对温热病进行研究，采集过去有关温热病的著述，结合自己实践经验，写成《温病条辨》，论述三焦辨证和治法，对温病学的发展有较大的贡献和影响。

[案 4] 不寐之因有八：老年血虚，肝失血涵，心失血养，一也；病后虚烦，二也；虚劳烦热，三也；思菀不舒，四也；胆热有疾，五也；心虚有热，六也；胃逆不和，七也；阳不入阴，八也。大致心气素虚，中夹痰涎，阻格阴阳，不能交济，自述上下如隔，升降不通，用药宗内经半夏汤、集验温胆汤、终南补心丹加减。宋半夏、北秫米、熟枣仁、抱茯神、远志肉、川贝母、炒丹参、夜交藤、新会皮、金石斛、生白芍、淡竹茹、莲子心。

按：集验温胆汤为《外台秘要》引《集验方》方。终南补心丹出自陈自明《校注妇人良方》。据《成方切用》记载："终南宣律师课诵劳心，梦天王授以此方。"故名之曰"天王补心丹"。

[案 5] 肾主闭藏，肝主疏泄，二火扰及阴精，心君亦失主宰。肝之魂，幻其形；心之神，现于梦；离不交坎而吸其阴，且盗癸而开其键，窍关不固，由梦而强，由强而遗，古法以清心为主，而熄肝安肾亦兼及之。小生地、抱茯神(辰拌)、远志肉、上川连，炒丹参、炒知母、川黄柏、莲子心、西洋参、陈灯心。

[案 6] 病久噎膈，是阴涸阳结之证也。张鸡峰谓神思间病，恐于草木无功。西洋参、制半夏、白柿霜、代赭石、金石斛、关虎肚、橄榄核、生白芍、旋覆花、炒丹参，牛蒡草、川贝母、淡竹沥(姜汁冲和)。

按：《鸡峰普济方》，亦名《鸡峰备急方》(见《宋史·艺文志·子类》)，原作 30 卷(上海中医药大学图书馆藏有道光戊子艺芸书社刊本，仅存 20 余卷，且间有脱页)。南宋太医局教授张锐作,锐字子刚,河南郑州人(公元 960—1279 年),精通医术,时人有"十全者九"之誉。此书是宋代大量经验方书中之一种,由于作者是当时名医,故偶有所论,即不同凡响,殊堪珍视。

牛啮草即食而复嚼者,俗曰回噍,正名跆(音痴)草,乃牛第一次吃下之草,待休息时返上咀嚼之草团。《医学正传》治"反胃噎膈,有大力夺命丸,用牛啮草,杵头糠各半斤"。

关虎肚一药现早已禁用,可用猪肚代之。

[案 7] 腰重如带五千钱,腹大如抱五石瓢。水湿之气,横逆充斥,必得调和二府,温通三焦。不则鲍姑之艾,涪翁之针,亦奈之何矣。安肉桂、川椒目、大腹皮、川厚朴、怀牛膝、熟附子、淡干姜、赤苓皮、木防己、黑牵牛(巴豆霜打末拌炒,去巴豆霜)、黑车前、陈麦秆、伏龙肝。

按:鲍姑,名潜光(约 309—363 年),上党(今山西省长治)人,晋代广东南海太守鲍靓之女,医家葛洪之妻。自幼在父亲的耳熏目染下,对道教的教义十分有兴趣,嫁给了葛洪后,成为葛洪的得力助手,和葛洪的弟子黄初平一起帮葛洪研究炼丹术,抄写著作,为附近的百姓治病。葛洪在罗浮山逝世后,鲍姑和弟子黄初平到广州越岗院,一面修道,一面为百姓治病。她继承了丈夫和父亲的医术,加上自己的钻研,医术更加精湛。往往药到病除,人们称她为鲍仙姑。鲍姑精于灸法,以治赘瘤与赘疣擅名。她因地制宜,就地取材,以当地盛产的红脚艾进行灸治,取得显著疗效。"每赘疣,灸之一炷,当即愈。不独愈病,且兼获美艳"。是我国历史上第一位女施灸家。

涪翁,西汉末、东汉初涪县(今绵阳市区)人。其真实姓名及生卒年均不详。据《后汉书·郭玉传》载:"初有老父,不知何出,常渔钓于涪水(即涪江,在今四川省境内),因号涪翁。"治病不论贵贱,皆全力救治不图报酬。后传针术给程高,程高再传于郭玉,后来郭玉成为东汉时期的一代名医。涪翁所著《针经》《诊脉法》等,均失传。

巴豆与牵牛同用属配伍禁忌,十九畏歌曰:"巴豆性烈最为上,偏与牵牛不顺情。"实验研究表明,巴豆牵牛合用,泻下作用增强。对于十八反、十九畏之配伍禁忌,历代医家遵信者居多,也有认为相反相畏药物同用,相反相成产生更强功效,运用得当,可愈沉疴痼疾。《儒门事亲》卷十二"进食丸"中巴豆牵牛同用,治酒食所伤以致心腹胀满疼痛等证,可为例证。但临床使用配伍禁忌之药,当慎之又慎。

徐松全

【岐黄历程】徐松全(1892—1974),男,原名福基,学医后改名松全,或松旋、松泉,浙江省嘉兴市油车港马厍汇徐家门人。18 岁时作为清代名医李子牧的开门弟子习医,21 岁满师后悬壶开业。曾设徐松全诊所,后参加油车港联合诊所工作。

徐松全(1892—1974)

【医学传承】1910—1913 年师承李子牧,获其真传。收受弟子多人,1944—1949 年嘉善县天凝蒋村人蒋文照经人介绍来其门下学医,同期学习者有其子徐鼎钧。1962 年在其 71 岁高龄时仍收张凤美和其长孙徐浩作为关门弟子。

【学术成就】徐松全先生既擅长温病,取法叶天士;又兼治内妇儿杂证,法宗陈莲舫。诊病详于四诊,精于辨证,救人无数,医名鹊起,求医者众。徐松全勤奋好学,出诊的时候,在船上也要看书,且对诊治病例常加整理,编辑《徐松全医案》数卷。1964 年在浙江中医杂志发表《李子牧先生医案》一文。

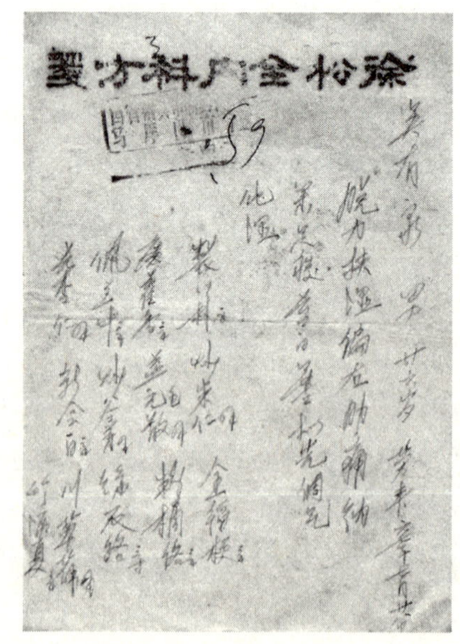

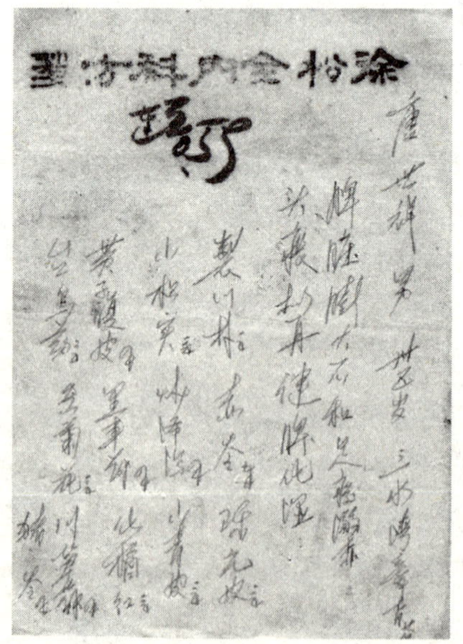

徐松全医方

徐松全医案

传 承 篇

蒋文照

【岐黄历程】蒋文照(1925—2008),男,浙江省嘉善县人。浙江中医药大学教授、主任中医师。1944—1949年拜嘉兴名医徐松全为师,5年学医满师,遂悬壶开诊。1952年参加嘉善县天凝区联合诊所工作,任负责人。1956年保送浙江省中医进修学校(浙江中医药大学之前身)师资班学习,被评为优等生,翌年以优异成绩留校任教。1959年又赴北京中医学院医经教研班深造。1982年命名为"浙江省名中医"。1986年晋升为主任中医师、教授。1991年由国家中医药管理局确定为全国第一批老中医药专家学术经验继承工作指导老师。1993年被国务院授予"具有突出贡献专家"证书,并享受"政府特殊津贴"。先后担任中基教研室主任、各家学说教研室主任、文献研究室主任、中医系副主任、函授部副主任、《浙江中医学院学报》编辑部主任及主编、校学术委员会副主任委员等职。任浙江省中医学会常务理事、副秘书长,浙江省中医基础理论研究会主任委员,浙江省中医药高级

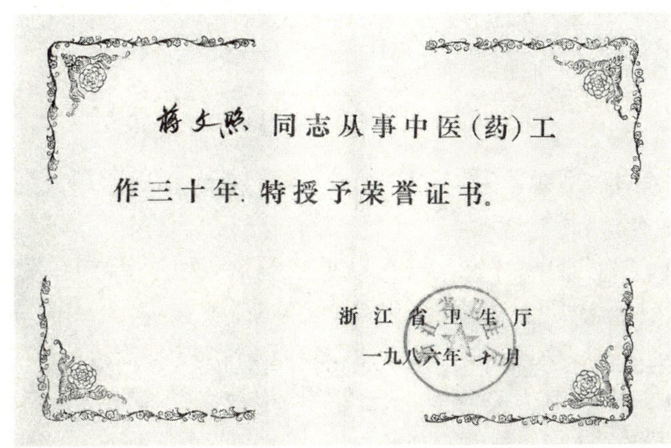

蒋文照 同志从事中医(药)工作三十年,特授予荣誉证书。

浙江省卫生厅
一九八六年 十月

从事中医药工作三十年荣誉证书

荣 誉 证 书

授予蒋文照同志“浙江省名中医”荣誉称号，特发此证。

浙江省人民政府
一九九四年十二月十六日

浙江省名中医荣誉证书

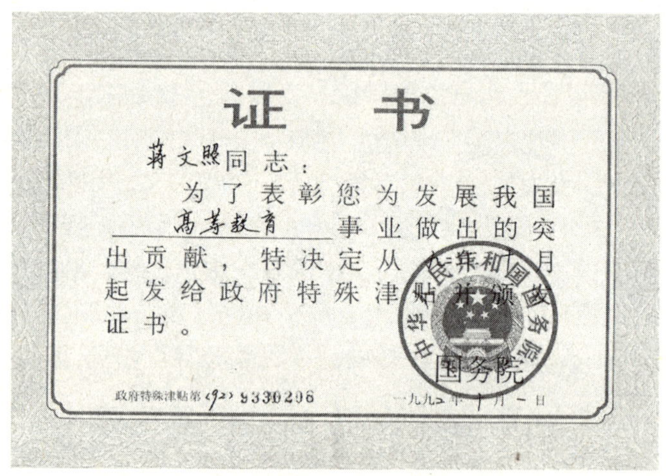

证 书

蒋文照同志：

为了表彰您为发展我国高等教育事业做出的突出贡献，特决定从一九九二年十月起发给政府特殊津贴并颁发证书。

国务院

政府特殊津贴第(92)9330296　　一九九二年十月一日

国务院政府特殊津贴证书

技术职称评审委员会成员，为浙江省第五届人大代表、浙江省第五届政协委员等。

【医学传承】1944—1949 年师承嘉兴名医徐松全，徐氏乃晚清御医陈莲舫弟子嘉兴名医李子牧的学生，医术精湛，既擅长温病，取法叶天士；又兼治内妇儿杂证，法宗陈莲舫。蒋老医教工作 60 载，师承名家，颇多受益，临床经验丰富，脾胃病肺疾尤为见长；系统学习，联系实际，理论造诣精深，《内经》运气说颇具心得。负责编写《中国医学史》《内经》《金匮要略》《中医诊断学》《中医内科学》《中医妇科学》《中医儿科学》等函授讲义 7 种 14 部，在各专业专、本科学生、硕士学位研究生及进修生、函授生中主讲“中医学基础”“内经”“各家学说”等课程。作为硕士生指导老师，参与指导硕士研究生 5 人，1981—1984 年主带硕士研究生徐珊。作为全国老中医药专家学术经验继承工作指导老师，1991—1994 年指导带教学术经验继承人周亮、徐珊。

全国继承老中医药专家学术经验指导老师

荣 誉 证 书

根据人事部、卫生部、国家中医药管理局人职发〔1990〕3 号文件精神，

蒋文照 同志于一九九一年五月被确定为继承老中医药专家学术经验指导老师，为培养中医药人才做出了贡献，特发此证。

中华人民共和国人事部　　中华人民共和国卫生部　　国家中医药管理局

证书编号：

一九九四年十一月二日

全国继承老中医药专家学术经验工作指导老师荣誉证书

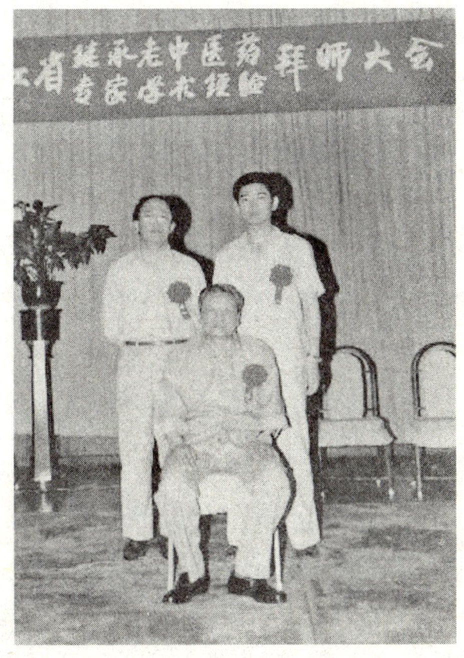

1991 年蒋文照教授与学术经验继承人周亮、徐珊在拜师大会上的合影

【学术成就】从医60年来，潜心钻研医术，不仅继承了陈氏、徐氏名门之精华，又吸取各家之长，精勤不倦，学验俱丰，从而形成了独特的学术思想。临床精于内科，兼及妇儿，对于脾胃病证、肺经疾患的辨证论治尤为见长。其学术观点重视气机郁滞，浊邪内阻则病生，临证施治主张和调理气，疏通达邪而法验。

《观察与思考》2007年第15期曾对蒋老作过如下的报道。

瘦身茶、消脂药、减肥冲剂……小林的房间里堆满了各式各样的减肥产品。刚满18岁的小林是一位“减肥狂热者”，本来就偏胖的身材加上青春期的萌动，让她走上了一条减肥不归路。

“天天不吃饭，就吃减肥药，你看看她现在的样子，瘦是瘦下来了，可哪里还像个人啊！”小林的母亲心痛地看着女儿说道。全身瘦骨嶙峋，走路弱不禁风，目光呆滞，不愿和人交流，神色黯淡，没有一丝光彩。眼前的小林，真的是一个处在花季的少女吗？

耄耋之年的蒋文照医生看在眼里，痛在心里，这又是一个因疯狂减肥而引起严重神经性厌食症的女孩！

被减肥药折磨后的小林已经吃不下什么东西了，勉强吃一点，就又吐又拉的。在此之前，父母带着小林，已经辗转了国内的好些医院，可开的药都不见效，再这样下去，一个鲜活美丽的生命就要离去。

蒋医生细细检查过病情后，决定从调理脾胃入手。中医认为“肾为先天之本，脾为后天之本”，肾藏精，主命火，有抗御外邪之力，先天充足，则往往人体素质强健；而脾胃有消化、吸收、输布水谷之功能，为气血化生之源，人资以为生者也，故后天之本在脾。

蒋医生是现在为数不多的传统老中医，传承于皇家御医，没有经过西医学习的他，靠的就是长期的经验和总结，面对小林的病情，他胸有成竹，在经典方的基础上先开了3个月的汤剂给小林调理肠胃。

没几个星期，小林就有了胃口，吵着要吃东西。几个月后，月经也如期而来，而短短半年之后，随着不断服用中药，小林脸色红润了，身体强壮了，一个花季少女终于回来了。现在的她已经脱胎换骨，在休学一年后，继续开始了学习生涯。

“像这样脾胃不好的病人，我治愈了很多，这也是中医的长处所在”。在接受观察记者采访时，蒋文照这样解释，“很多得神经性肠胃病的病人，在西医那里胃镜、肠镜都做了个遍，可都一切正常，所以就症论症的西医就没了办法。可中医强调整体联系，指标正常不见得就没病，肠胃的底子调理好了，病自然也就不治而愈了。”

蒋文照教授对脾胃学说潜心研究，合众多医家之长于一身，师古而不泥古，在调治脾胃方面有独到之处。

一、和脾胃，重在调补

蒋老认为脾胃病不论虚实寒热，脾胃虚弱，内有郁滞是其基本病机，治疗上应补其虚、祛其湿、调其气，脾健则不受邪，湿祛则脾气运，气行则诸邪消，使得脾胃之气充足和调，健运而不壅滞，升降适宜，纳化有度，气血得以化生，元气得以滋养，正气内存而邪无所受。

1. 补其虚

脾胃为后天之本，气血津液化生之源，五脏六腑、四肢百骸、五官九窍、十二经脉等皆依赖脾胃而得以滋养。李中梓《医宗必读》说："胃气一绝，百药难施，一有此身，必资谷气。谷气入胃，洒陈于六腑而气至，和调于五脏而血生，而人资之以为生者也。故曰：后天之本在脾。"先天禀赋不足，劳倦过度，饮食不节，大病久病之后，均能使脾胃虚弱，由于脾胃虚弱，纳运失司，而化生食滞、湿阻、气滞和血瘀等实邪，故蒋老常用黄芪、党参、太子参、白术等以健旺脾气，脾健则不受邪。

2. 祛其湿

脾喜燥而恶湿，脾虚可以生湿，湿胜可以困脾，正如《临证指南医案》所说："湿喜归脾者，以其同气相感故也。"湿困脾胃多用化湿法，包括芳香化湿，苦温燥湿和淡渗利湿，善用藿香、佩兰、半夏、厚朴、车前草、白茯苓、川萆薢等，有化热表现常加用黄芩、蒲公英等。

3. 调其气

脾胃居于中焦，为全身气机升降之枢纽，脾宜升则健，胃宜降则和，升降有序，则气机条畅。如外感或内伤损及脾胃，升降失常，气机壅滞，则水反为湿，谷反为滞，形成气滞、血瘀、湿阻、食积、痰结、火郁等相因为患，用木香、砂仁、枳壳等理其壅滞，则升降有常，纳运有度，使诸邪实无所生。

二、理中州，不忘疏肝

肝主疏泄，性喜升发条达，调畅气机。人体的气机升降出入，莫不赖于肝气之疏泄功能。肝气疏，则气机畅，肝气结，则气机塞。脾胃乃升降之枢纽，脾胃气机升降则有赖肝气疏泄条达，正如《素问·宝命全形论》中云："土得木而达。"因此，脾胃与肝的关系至为密切，木土之气本相通，一荣俱荣，一伤俱伤，在生理上相互为用，在病理上相互影响。若肝失疏泄，木气郁结，则脾气不升，胃气不降而壅滞为病；或肝木疏泄太过，横逆而犯，脾胃受戕；或脾胃虚弱，肝木乘之，升降失常。《医碥》中说："肝木疏泄太过，则脾胃因之而气虚，或肝气郁结太甚，则脾胃因之气滞，皆肝木克脾土也。"在蒋老的脾胃学术思想中，十分注重疏肝气以调脾胃之气机，肝气疏则脾胃气机畅，故临证中在调脾胃气机升降的同时，也十分注重调肝，药用柴胡、香附、佛手、香橼、郁金等以疏肝理气，安抚风木，不敢犯土，使肝脾调和，则脾胃升降相宜，出入有序。

三、疗杂病，必护胃气

《灵枢·五味》篇曰："五脏六腑皆禀气于胃。"人以胃气为本。蒋老认为，所谓"胃气"，即脾胃之消化吸收机能，脾胃为气血生化之源，后天之本。因而，胃气在一定程度上代表了机体的抗病能力，可见胃气在人体中具有特殊的重要作用。《景岳全书》曰："正以人之胃气，即土气也。万物无土皆不可，故土居五行之中，而旺于四季，即此义也。由此推之，则凡胃气之关于人者，无所不至，即脏腑、声色、脉候、形体，无不皆有胃气，胃气若失，便是凶候。"可谓要言不繁。故凡阴阳气血诸虚之病，皆刻刻以保护胃气为急，补养脾气为先。临床上历代（尤其是宋金元以来）不少名家皆注重扶护胃气，对不少疾病都从脾胃论治，如明代张景岳曰："脾胃有病，自宜治脾胃。然脾为土脏，灌溉四旁，是以五脏中皆有脾气，而脾胃中亦皆有五脏之气，此其互为相使，有可分而不可分者在焉。故善治脾胃者，能调五脏，即所以治脾胃也。"蒋老临证治疗杂病，每必本于脾胃，时时不忘扶护胃气，先调补脾胃，助化气血，然后寻求病因，对症下药。其扶护胃气之法有化、理、调、和、养、补之不同，非限补益之一端。如藿香、佩兰、蔻仁、鸡内金、谷麦芽等化湿消积，谓之化；白术、枳壳、薏苡仁、茯苓等疏理脾胃，谓之理；木香、香附、佛手、郁金、延胡索、砂仁等调畅气血，谓之调；半夏与黄芩、吴茱萸与黄连等寒温并用，苦辛同施，有热去热，有寒去寒，中焦气和，谓之和；沙参、麦冬、石斛、玉竹等滋养胃阴，谓之养；党参、黄芪等补脾土，谓之补。由此则胃气有权，脏损而易复，且祛邪有力，故而庶可无恙。

四、善用药，轻灵见长

病者常以脾胃纳运状况表现病情深浅进退，临证处方用药，药不在多而贵在约，只有不违法度，轻药味淡，重投不猛，脾胃方可吸收转运生效。若脾胃消化饮食不佳，何以接纳药物发挥其效能，纵有神医良药，亦不足以治疾奏效。蒋老临证用药轻灵平淡，意在顺应脾胃特性。方药虽轻灵平淡，然脾胃气和，中土健运，化源不竭，而能于平淡之中见神奇，轻灵之中收其功。如：补益药应适当配伍理气之品，以防滋腻厚味滞胃碍脾，使之补而不滞，润而不腻。选用理气药遵叶氏“忌刚用柔”之旨，勿过辛香温燥，伤及胃阴，以佛手、绿梅花、玫瑰花等理气不伤阴之品。脾为阴脏，喜暖而恶寒，喜燥而恶湿，故清热不宜过用苦寒，以防损伤生生之阳；健脾宜党参、太子参、白术、薏苡仁、山药、扁豆等甘平微温之品，以健运中气。胃为阳腑，喜凉而恶热，喜润而恶燥，故温里应温而不燥，用量宜轻，且用时不宜过长，以防燥热损伤胃阴；益胃贵在柔润养阴而不腻，以南北沙参、石斛、麦冬、玉竹、甘草或加白芍、乌梅等酸味之品，酸甘合化。总之，处方用药以轻灵平淡为要，药性宜平，药味宜薄，慎用重浊厚味、刚劲强烈之属，力求所选用药物既能发挥治疾疗病之效，而又无留邪伤正之弊。

五、倡和法，综合调治

蒋老临证擅用和法，和法的记载，始见于《内经》。《素问·生气通天论》说：“凡阴阳之要，阳密乃固，两者不和，若春无秋，若冬无夏，因而和之，是谓圣度。”此“和”乃指调和阴阳，意义较广。汉代张仲景《伤寒论》用桂枝汤调和营卫是《内经》调和阴阳理论的一种体现。《伤寒论》言和，有小承气汤缓和通腑以治津伤便结，不便峻泻者。如第 252 条说：“太阳病，若吐，若下，若发汗后，微烦，大便硬结者，与小承气汤和之愈。”第 213 条说：“……可与小承气汤缓和胃气，勿令致大泄下。”以及小柴胡汤和解表里以治少阳半表半里证。成无己《注解伤寒论》中说：“太阳转入少阳……邪在半表半里之间……与小柴胡汤以和解之。”后世论和，一般多限于和解少阳的专剂小柴胡汤，使和法运用范围局限一端。

蒋老认为，和法治疗强调综合调治，疏通气机，在恢复机体生理平衡方面，有独到意义，因而不论是外感疾病，还是内伤杂证，其应用前景十分广泛。蒋老临证善用和法，粗略而计，和法方药十居七八。综观蒋老运用和法之方药，在组成结构上，具有以下 4 个特点：

其一，重视和解药之运用。所遣药物，每多质轻性平，作用缓和，无大寒大热，无峻补峻泻。通过缓和疏解，以和解表里，协调脏腑功能。

其二，相反药物协调组合。如辛热药与苦寒药同用，滋补药与温清药并施，用药相反相成，寒热并用，或补泻合璧，或苦辛分清，以缓和调理，制亢扶弱，协调阴阳，治疗脏腑不和，寒热夹杂，虚实并存之证候。

其三，巧用扶正补虚药物。柯琴《伤寒来苏集》说：“预补其正气，使里气和，而外邪勿入。”如《伤寒论》桂枝汤中之芍、草、枣补养营阴；小柴胡汤中之参、枣扶助正气等，皆见其义。蒋老施补，喜用平补、清补、缓补等，补中有行。而化浊行气之时常佐参、芪以补气助运，诸如此类，足见蒋老用补之巧妙。

其四，配伍调气和血之品。血气者，乃人身之根本。疾病每见气血之失调，蒋老疏方用药每多配伍调和气血之品，然以调气为上，调血次之。调气者，调畅气机为先。调血者，行血和血为主。意在气血畅达调和，恢复脏腑功能。

总而言之，临床所见之疾病每多证候错综复杂，既非纯虚，又非纯实，既少纯寒，亦少纯热，常呈寒热错杂，虚实并见之状。和法疏通调和，使之归于平衡，诚如《景岳全书·古方八阵》所说："病有虚实气血之间，补之不可，攻之又不可者，欲得其平，须从缓治，故方有和阵。"

后　继　篇

周　亮

【杏林步履】周亮（1947—　），男，浙江省诸暨市人。浙江中医药大学副教授，副主任中医师。1966届高中毕业生，1977年恢复高考后，即考入浙江中医学院（浙江中医药大学之前身），1982年毕业后留校任教，1986—1987年在上海中医学院参加全国《中医内科学》助教进修班学习，1993年晋升为副教授，1994年晋升为副主任中医师。先后担任学校函授部办公室副主任、人事处师资科科长、教育研究室主任、副处级调研员等职务，兼任浙江省新药审评委员、中国中医药学会中成药分会委员。2007年退休后仍从事中医临床医疗工作。

【医学传承】1991—1994年作为全国第一批老中医药专家学术经验继承工作指导老师蒋文照教授的学术经验继承人，从事继承整理研究工作，获人事部、卫生部和国家中医药管理局颁发的全国老中医药专家学术经验继承人出师证书。为本专科生等主讲“方剂学”等课程。

全国老中医药专家学术经验继承人

出　师　证　书

根据人事部、卫生部、国家中医药管理局人职发〔1990〕3号文件精神，周亮同志于一九九一年五月被确定为蒋文照专家的学术经验继承人，现继承期满，经考评合格准予出师，特发此证。

人事部　卫生部　国家中医药管理局

证书编号：119407　　一九九四年十二月廿日

蒋文照教授学术经验继承人周亮出师证书

【学术研究】从医30年，擅长治疗慢性萎缩性胃炎伴肠化或异型增生，或幽门螺杆菌感染、慢性浅表性胃炎、胃溃疡、慢性肝炎、胆石症、胆囊炎、脂肪肝等，以及消化道、呼吸道肿瘤术后或放化疗后调理，兼及心血管、呼吸及泌尿系统疾病的诊治。主持和参加省部级和厅局级科研课题2项，出版著作2部，其中任副主编1部，发表学术论文20多篇，对经方治疗脾胃病证有深入研究。

半夏厚朴汤方出自《金匮要略》。《金匮要略·妇人杂病脉证并治第二十二》谓："妇人咽中如有炙脔，半夏厚朴汤主之。"仲景用治于妇人咽中痰气交阻之证。遵循仲景组方和施治原则，结合临床脉症，运用该方治疗各种脾胃疾患，对解除脾胃为患之痛、胀、呕、泻诸症，疗效满意。以上数症，虽西医病名各异，但均可归入中医脾胃病的范畴。以半夏厚朴汤为基础方，随证加减，屡获良效，此乃异病同治之功也。脾胃共居中焦，为后天之本，脏腑升降出入转输之枢纽。纳食在胃宜降，运化在脾宜升。脾胃为病，遂失升降之用，气机郁滞，常出现脘胀、脘痛、泛恶、嗳气、泄泻诸症。处方用药时，始终注重"疏理"两字，运用半夏厚朴汤行气畅中，化浊和胃。半夏厚朴汤中，君以辛温之半夏、厚朴消痞除满，佐以生姜、紫苏叶行气和胃，茯苓健脾渗湿，助君药之用。合方共奏理气和中之功，实为疏理调畅中焦之良方。在临床应用时，尚须注意审证求因，随证加减，灵活施治，热则寒之，寒则热之，虚则补之，瘀则行之。脾胃虚弱者合用党参、黄芪、白术益气补中；肝胃失和者加入川楝子、八月札、佛手片疏肝和胃；中焦瘀热者佐以制香附、丹参、蒲公英、黄连清热行瘀。然对胃阴不足者，投用本方时，须参以涵养柔润之剂以制约半夏、厚朴温燥之气，常合用玉竹、石斛、南沙参、麦冬滋养阴液，以免温燥耗液伤阴之弊。

徐 珊

【杏林步履】徐珊(1956—),男,浙江省杭州市人。浙江中医药大学教授、主任中医师,浙江中医药大学、上海中医药大学和美国加州中医药大学博士研究生指导老师,新西兰中医学院客座教授。1973 年拜浙江省金华市名老中医张兆智为师学医,1976 年 11 月在金华市竹马卫生院任中医。1977 年恢复高考后,即考入浙江中医学院,1984 年硕士研究生毕业后留校任教。1991—1994 年作为全国第一批老中医药专家蒋文照教授的学术经验继承人,从事继承工作。1998 年晋升为教授。2001 年评为浙江省名中医,2003 年评为浙江省首届高校教学名师,2007 年浙江省人民政府授予浙江省有突出贡献中青年专家称号,2008 年由国家中医药管理局确定为全国第四批老中医药专家学术经验继承工作指导老师。为浙江省名中医研究院研究员,浙江省保健委员会干部医疗保健专家,国家中医药管理局重点学科带头人。现任全国中医诊断专业委员会常务委员,浙江省中医药学会常务理事,浙江省脾胃病专业委员会副主任委员等。

【医学传承】1973—1976 年师承浙江省金华市名老中医张兆智,张老(1910—1989)15 岁开始随父习医,行医 60 余载,经治病人达 200 多万人次,医术精湛,经验丰富,临证涉及内妇儿科,疑难杂症多有建树,被誉为“北山神仙”。1981—1984 年在导师蒋文照教授指导下,攻读硕士学位。1991—1994 年作为全国第一批老中

荣誉证书

徐 珊同志 2001 年被评为浙江省名中医。

特发此证

浙江省人民政府

二OO一年十二月二十七日

浙江省名中医荣誉证书

荣 誉 证 书

证字第2007026号

授予 徐 珊 同志浙江省有突出贡献中青年专家荣誉称号。

浙江省人民政府

二〇〇七年十一月

浙江省有突出贡献中青年专家荣誉证书

医药专家学术经验继承工作指导老师蒋文照教授的学术经验继承人，从事继承整理研究工作，获人事部、卫生部和国家中医药管理局颁发的全国老中医药专家学术经验继承人出师证书。两位学业和人生良师的指教，获益良多，影响至深。2002—2006 年指导带教第二批浙江省名中医学术经验继承人朱君华、成信法，2008—2011 年指导带教全国第四批老中医药专家学术经验继承人刘云霞、茹清静，4 位继承人均已出师。2006—2009 年指导浙江省中青年临床名中医培养对象张爱琴，获浙江省中青年临床名中医称号。已培养博士研究生 21 名，硕士研究生 29 名，现指导博士研究生 6 名。

【学术研究】从事中医药诊治消化系统疾病的基础与临床研究，主持和参加国家级和省部级等科研课题 30 多项，负责完成的“21 世纪中医药人才素质教育模式的研究与实践”“乐胃饮对实验性 FD 胃肠动力及应激能力的干预”“肠易激综合征兔模型的建立及其乐胃饮的干预”“慢性胃炎脾虚证胃黏膜蛋白质表达的相关性研究”“萎缩性胃炎脾虚证实验鼠细胞凋亡调控基因蛋白的表达”等成果获国家级教学成果二等奖，浙江省人民政府科学技术二等和三等奖，浙江省人民政府优秀成果三等奖，以及浙江省中医药科技进步一等奖等奖励 20 多项。发表学术论文 130 多篇，出版著作与译著 30 多部，获华东地区优秀科技图书二等奖 1 部，国家中医药管理局优秀论文奖和浙江省自然科学优秀论文奖等 8 篇。从医 40 年，擅长内科等常见病、多发病及疑难杂症，特别是中医药诊治急慢性胃炎、胃与十二指肠溃疡、反流性食管炎、慢性结肠炎、肠易激综合征、消化不良、胃癌术后、肝、胆、胰

全国老中医药专家学术经验继承人

出 师 证 书

根据人事部、卫生部、国家中医药管理局人职发〔1990〕3号文件精神，徐珊同志于一九九一年五月被确定为蒋文照专家的学术经验继承人，现继承期满，经考评合格准予出师，特发此证。

人事部　卫生部　国家中医药管理局

证书编号：119403

一九九四年十二月[illegible]日

蒋文照教授学术经验继承人徐珊出师证书

等消化系统疾病与胃黏膜肠化、异型增生（上皮内瘤样变）等癌前病变，以及亚健康的综合调理等有独到之处。

中医药诊治胃肠动力性疾病具有明显的特色和优势，通过临床实践和实验研究，提出功能性消化不良的中医药治疗策略。

功能性消化不良属于中医学“痞满”“胃痛”“嘈杂”等病证的范畴。运用中医药治疗本病，疗效确切，为本病的治疗开辟了一条新的途径。辨证论治是中医学的一大特色，功能性消化不良应从肝脾胃论治，脾虚失运是发病的基础，肝气郁结是发病的条件，胃失和降是引发诸症的原因。因此，治疗功能性消化不良以健脾、疏肝、降胃为基本法则。

一、病机认识

通过中医药诊治功能性消化不良的临床经验积累，以及开展了浙江省教育厅科研基金项目“乐胃饮对胃肠动力作用的实验研究”和浙江省中医药管理局科研基金项目“乐胃饮调整功能性消化不良大鼠胃动力与脑肠肽关系的研究”等课题研究所取得的成果，使之对功能性消化不良发病机制有了新的认识。

1. 肝气郁结-胃肠节律紊乱，精神焦虑和紧张

中医学所说的肝包括了消化、精神-神经等多个系统，肝具有疏泄的功能，保障情志的舒畅，气血的流动和消化的健旺。当情志抑郁，心情不畅，则可导致肝气的郁滞，其结果：一是出现精神的焦虑，紧张易怒；二是克犯脾胃，导致胃肠消化和运动功能的失常。因而，出现上腹部疼痛、痞满、嗳气等症。临床所见功能性消化

不良患者常有神经质，性格内向，易于焦虑等个性特点。

2. 脾虚失运-消化吸收功能减退，胃肠激素分泌紊乱

脾胃居于中焦，主运化和四肢肌肉，主要包括消化和运动系统的功能。消化功能的紊乱归根到底是脾胃的功能失常。功能性消化不良的病机在于肝郁脾虚，其中以脾虚为本。实验研究表明脾胃气虚时，血清胃泌素降低，血浆胃动素水平显著升高等，胃肠运动失调，消化吸收功能低下。

3. 胃失和降-胃肠排空障碍

功能性消化不良患者常见上腹部饱胀，食后加重，疼痛，早饱，厌食，舌苔厚腻诸症。中医多归属于饮食的停滞和湿浊的阻滞，究其原因，缘由饮食不节，饥饱失调，或因暴饮暴食，反复伤胃，食阻胃肠难化，阻滞气机，升降失常，或有脾胃素弱的基础，不能正常运化，难以使纳入的食物得到很好的消化、吸收和排空。不仅易致饮食停滞，也易酿生湿浊之邪，蕴结中焦脾胃，使气机升降失常，痞结不开，表现为痞满等症，这也是诱发功能性消化不良的主要因素和病机关键。

二、辨证要点

功能性消化不良的临床表现症状不一，证候各异，临床辨证需注意以下要点。

1. 辨脏腑

功能性消化不良大多累及肝脾胃三脏腑，情志不舒，胸胁脘腹胀满等责之于肝；形瘦乏力，腹胀便溏等多由脾虚所致；脘痛嘈杂，泛酸呕恶等则病位在胃。

2. 辨寒热

痞满为常见之症，若痞满急迫，渴喜冷饮，苔黄，脉数者为热；痞满绵绵，得热则舒，口淡不渴，苔白，脉沉者属寒。

3. 辨虚实

有邪者为实，无邪者为虚。食饮无度，积谷难消，阻滞胃脘，或情志不遂，气机郁滞，升降失调而成之痞皆属有邪。若脾胃气虚，运化无力，升降失司所成之痞，则属虚证。痞满不能食，或食少不化，大便溏薄者为虚；痞满能食，大便闭结者为实。痞满时减，喜揉喜按者为虚；痞满不减，按之满甚者为实。

4. 辨升降

脾胃之间互相联系，升降相因，燥湿相济，才能保持正常的胃肠动力，维持水谷饮食的消化吸收。当这种生理功能失调，会导致气机逆乱，出现胃肠动力障碍。功能性消化不良主要表现在中焦之纳运升降失常。如纳少不饥呕呃，是为胃病；纳谷化迟作胀，是为脾病。清气不升，上为头眩短气，下为溏泄下利，责之于脾；浊

气不降，上为呕吐呃逆，下为痞满便结，责之于胃。就病位而言，胃病多在胸脘，其势上逆；脾病多在脘腹，其势下趋。

三、常用治法

1. 疏肝理气法

用于功能性消化不良肝胃不和证，症见上腹部胀满，攻撑作痛，嗳气频繁，每因情志因素而症作，苔多薄白，脉弦，平素情绪抑郁或易怒。方用柴胡疏肝散加减。常用中成药有胃苏颗粒剂、气滞胃痛颗粒剂等。

2. 辛开苦降法

用于功能性消化不良湿浊(热)痞阻证，症见上腹部痞满，或有烧灼样痛，泛酸嘈杂，厌食嗳气，口干口苦或口中黏腻，舌红，苔腻或黄腻，脉弦滑。方用半夏泻心汤加减。常用中成药有肠胃康颗粒剂等。

3. 消食导滞法

用于功能性消化不良饮食积滞证，症见上腹部胀痛，嗳腐厌食，吞酸，或呕吐不消化食物，呕吐或矢气后痛减，或大便不爽，苔厚腻，脉滑。方用保和丸加减。常用中成药有保和丸、健胃消食片等。

4. 健脾和胃法

用于功能性消化不良脾胃虚弱证，症见上腹部隐痛，空腹亦甚，食欲不振，脘胀不适，神疲乏力，大便溏薄，舌淡苔白，脉虚弱。方用香砂六君子汤加减。常用中成药有香砂六君丸、人参健脾丸、参苓白术丸等。

5. 益胃养阴法

用于功能性消化不良胃阴不足证，症见上腹部隐隐作痛，或有烧灼感，饥而不欲食，嘈杂，口燥咽干，大便干结，舌红少津，无苔或花剥苔，脉细数。益胃汤加减。常用中成药有养胃舒颗粒剂等。

四、施治心得

1. 顺应脾胃特性

治疗功能性消化不良，应顺应脾胃特性，或因势利导，或逆向调整，使异常的升降状态恢复正常。其中，脾宜升、宜健、宜燥、宜温、宜补；胃宜降、宜和、宜润、宜清、宜泄。

2. 升降配伍得法

临床上升降之法常常并用，通常将不同升降作用的药物进行合理搭配，使药剂的作用与气机升降相因的规律相顺应，以升促降，以降促升，有利于流通气机，提高疗效。其中，苦辛配伍首当推重。苦辛配伍是以苦寒药与辛温药配伍应用的一种方法，既非单纯苦寒泻火清热，亦非纯粹辛温祛寒燥湿，而是以苦寒泄降，辛温通阳相佐为用。苦辛配伍之意即以苦能降能泄而和阳，辛能通能开而和阴。两者合用，泄中有开，通而能降，阴阳相和，用以通阳散结，流通气机，而恢复中焦升降枢机之机能。

3. 注重通降胃肠

胃与肠属于腑，六腑传化物而不藏。胃肠喜疏通而恶郁滞，胃腑受纳排空以通为用，以降为和；肠道传导化物以下行为顺，以通为补。因而，胃肠主通主降。功能性消化不良属虚则有阳虚或气阴两虚，属实则有湿阻、气滞、血瘀、食积、热郁等，故治法有温、清、消、化、补等之别，要着眼于通调气机，气顺中和，胃肠通降，纳运传化之作用方能正常发挥。

4. 顾护胃气为本

人以胃气为本。所谓胃气，即脾胃之消化吸收机能，在一定程度上代表了机体的抗病能力，说明胃气在人体的特殊重要性。临证治病，应时时扶护脾胃之气，用药宜选轻清平和之品。功能性消化不良患者脾胃既病，胃气已伤，纵然有湿浊、痰浊、瘀浊、食浊等浊邪内阻，不堪重剂再创。方药轻清灵动，使脾胃气和，中焦通达，升降协调，出入有序，而收其功。

刘云霞

【杏林步履】刘云霞(1967—　),女,浙江省乐清市人。杭州市第三人民医院主任中医师,杭州市名中医,浙江中医药大学硕士研究生指导老师。1991 年毕业于浙江中医学院中医学专业,嗣后分配至杭州市第三人民医院从事中西医结合内科临床工作。2005 年获中西医结合临床硕士学位,2010 年获中医内科学专业博士学位,2008 年被确定为第四批全国老中医药专家学术经验继承人,2012 年获临床专业博士学位。2007 年 11 月晋升为主任中医师。2010 年被评为杭州市名中医。2012 年获"全国优秀中医临床人才"称号。现任中医科兼肿瘤科主任,浙江省中医名科建设项目负责人,杭州市综合性(专科)医院示范中医科建设项目负责人,杭州市二类医学重点专科中西医结合肿瘤内科负责人,浙江省中西医结合学会第四届肿瘤专业委员会委员,杭州市中医药协会第一届医院管理专业委员会委员,杭州市中西医结合学会肿瘤专业委员会副主任委员,杭州市癌症康复协会第五届顾问等职。

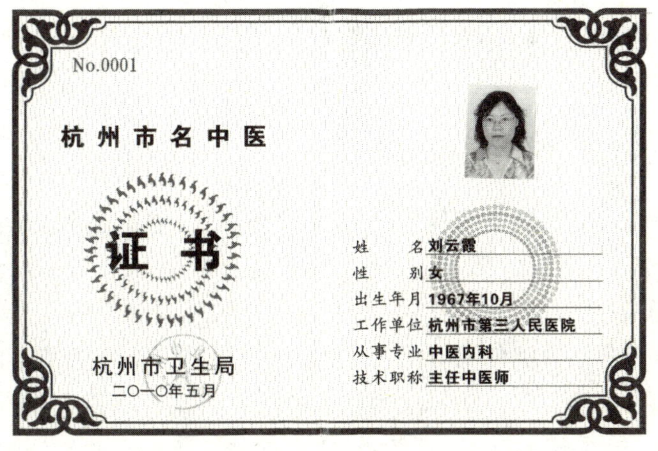
No.0001

杭州市名中医

证书

姓名 刘云霞
性别 女
出生年月 1967年10月
工作单位 杭州市第三人民医院
从事专业 中医内科
技术职称 主任中医师

杭州市卫生局
二〇一〇年五月

杭州市名中医荣誉证书

【医学传承】2002—2006 年作为第二批浙江省名中医学术经验继承人,师承杭州市第三人民医院金亚城主任医师,获浙江省卫生厅颁发的出师证书。金亚城老师(1934—2008)从医近 60 年,为全国第二批老中医药专家学术经验继承工作指导老师,享受国务院颁发的政府特殊津贴,长期从事中医、中西医结合内科临床与科研工作，擅长消化系统疾病与男科疾病的诊治，对胃、肝、胆及男性不育与性功能不全研究尤为深入，对“内病外治”及蕃泻叶等单味中药研究卓有成就，提倡的“西药中药化研究”引起医学界的广泛关注。2008—2010 年在导师徐珊教授指导下，攻读浙江中医药大学中医内科学专业博士学位。2008—2011 年作为全国第四批老中医药专家学术经验继承工作指导老师徐珊教授的学术经验继承人，从事继承整理研究工作，获人事部、卫生部和国家中医药管理局颁发的出师证书。两位良师的悉心授业，耐心解惑，言传身教，受益终生。2010 年开始指导带教第五批杭州市名中医学术经验继承人匡唐洪。

【学术研究】从事中西医结合诊治恶性肿瘤的临床研究，主持和参加省部和市级等科研课题 10 多项，“益气活血口服液治疗急性脑梗塞的临床及实验研究”“益气补肾口服液抗胃肠癌术后转移的临床及实验研究”成果获浙江省中医药科技创新三等奖，“益气补肾方对胃癌细胞 SGC－7901 侵袭转移能力的影响”成果获杭州市医药科技创新奖二等奖。发表学术论文 20 多篇。从医 21 年，擅长于中西医结合治疗乳腺癌、肺癌、胃癌、结直肠癌、卵巢癌、骨肉瘤、尤文氏肉瘤、宫颈癌、鼻咽癌、食道癌、胰腺癌、膀胱癌等恶性肿瘤，特别对恶性肿瘤的抗复发和抗转移有丰富的临床经验，同时对慢性萎缩性胃炎、慢性结肠炎等脾胃病的治疗有独到的见解。

她在中医药诊治胃癌方面积累了经验，通过临床实践和实验研究，提出胃癌的临证辨治五要点。

一、综合治疗，中西医相结合

西医的内镜、影像、实验室检查及病理检查，是胃癌诊断和分期的依据，因此胃癌的诊治，离不开西医，而手术、放化疗亦成为规范和主要手段。对胃癌的诊治，首宜遵守美国国立综合癌症网络关于胃癌的诊治指南。

中医药可以介入胃癌的综合治疗全程，如何根据诊断分期使中西医治疗有机结合，趋利避害，尤为重要。如胃癌术后患者，创伤失血，多以气血亏虚为主型，治疗当以健脾养胃，益气生血为主；胃癌化疗后患者，恶心呕吐致伤津耗气，损伤脾胃，脾失健运，又致湿邪中阻，故治疗宜和胃止逆，健脾化湿为主。胃癌放疗后，一方面脾胃受损累及气血生化之源，另一方面热邪伤阴，故治疗多以养阴清热，健脾生血为主。对于无西医肿瘤相关治疗指征的晚期胃癌者，多以攻补兼施。根据不同的分型采用不同的治则。常见的证候分型有肝胃不和、脾胃虚寒、瘀毒内阻、胃热伤阴、痰湿凝结、气血两虚型等。肝胃不和型采用疏肝和胃，降逆止痛法，以逍遥散加减；脾胃虚寒型用温中散寒，健脾温胃法，以理中汤加减；瘀毒内阻型用解毒祛瘀，清热养阴，活血化瘀法，以失笑散加减；胃热伤阴型用养阴清热法，以玉女煎合增液汤加减；痰湿凝结型用化痰散结，温化中焦法，以开郁二陈汤加减；气血两虚型用补气益血，健脾补肾法，以十全大补汤加减。

二、扶正祛邪，主次先后分清

恶性肿瘤是全身性疾病的局部表现，通常是全身属虚、局部属实的本虚标实之病证，本虚则有气血阴阳亏虚，标实则有热毒、湿阻、痰凝、气滞、血瘀等。临证治病必求于本，以扶正培本为主，坚持扶正与祛邪结合相当重要。治疗应遵循《内经》“虚则补之”“坚则消之”“结则散之”的原则，正确处理扶正与祛邪的辩证关系。扶正是根本，祛邪是目的，“扶正不离祛邪”“祛邪意在扶正”，扶正祛邪不能偏废，只有二者辩证统一，才能使攻补两法“相辅相成”，达到“治病留人”的目的。

胃癌为本虚标实之病，胃癌发生后，正气已虚，邪气有余。扶正与祛邪，在胃癌治疗中相互为用，相辅相成。扶正养胃，益气健脾使正气加强，有助于机体抗御和祛除积瘤。祛邪抗癌能够抑制积瘤的快速进展，使邪去正安，有利于正气的保存和恢复。故在胃癌治疗中，当谨守胃癌本虚标实病机，细致观察分析正虚与积瘤在发病各阶段主次，辨证与辨阶段相结合，决定扶正与祛邪的主次和先后。初期以祛邪为主，中期宜攻补兼施，在胃癌晚期体弱或手术放化疗后，均强调应以坚持扶中和胃为其本，祛邪抗癌为其标。

扶正则视气血阴阳之盛衰而调补之，有益气、补血、养阴、温阳等不同，辨证要精确，调补要适当。实证补之诚属误治，虚证补之不及不能愈病，补之太过反增新疾。补益之法，过用熟地、黄芪、人参、龟版、鹿茸等滋腻黏滞之品，易致胃气壅滞，而出现脘腹胀满，不思饮食，大便稀溏或干结等症，给疾病的治疗带来困难。临床上运用补益方药时，需正确选用方剂，灵活配伍，可配以陈皮、砂仁、木香等行气和胃之品以防“虚不受补”，或加鸡内金、谷麦芽等健脾消食之物以生发胃气而运化五谷精微以资养五脏。

祛邪治标主要在胃癌患者未行手术及放化疗，或无手术适应症而又拒行放化疗且正气尚存者，酌投峻烈之抗癌中药，或是通过正确扶正，胃气来复，气血充盛，可予以抗癌之品，如动物药的天龙、干蟾皮、蜈蚣、全蝎及穿山甲等；植物药的白花蛇舌草、龙葵、三叶青、蛇六谷、藤梨根、猫人参、重楼、猫爪草和红豆杉等，但均应中病标去即止。祛邪的常用治法有清热解毒、化痰散结、理气化瘀等。祛邪中药大多性味苦寒、辛热，若久服或大量服用常可伤及脾胃，出现纳谷减少，胃脘疼痛，恶心呕吐，腹胀腹泻等症，癌毒未散，胃先受戕。一味以剽悍峻猛之药攻之，只图一时之功，结果即或有效，也徒伤正气，则害多益少。一旦胃气受损，则药石不行，疾病难却。张景岳就指出："胃气虚者攻之不去，盖以本虚，攻之则胃气益弱，反不能行其药力。"李东垣也说："人以胃气为本，胃气一败，百药难施。"如果胃气正常，有助于行药祛邪。故祛邪宜缓图，顾护胃气为先，须配伍相须相使等标本同顾、正邪兼理之品。

三、遣方用药，顾护胃气为要

胃癌的发病主要与正气亏虚，饮食不节，外邪客胃，情志所伤等多种因素有关，但病机病理中无不以脾胃虚损为关键环节。《景岳全书》云："脾胃不足及虚弱失调之人，多有积聚之病。"各种原因引起的脾胃虚损，致脾失健运，胃失和降，进而食积壅滞，气滞血瘀，瘀积化热，积热成毒，食积瘀毒，胶结成癌，留于胃中。西医治胃癌的手术、放疗及化疗等治疗方式均有不同程度损伤脾胃。胃癌患者常出现复发、转移，而复发转移乃胃癌患者的最大死因，胃癌终晚期更是胃气衰败。临证中常见腹胀纳少，食后胀甚，肢体倦怠，神疲乏力，少气懒言，形体消瘦，舌淡苔薄白，舌边齿痕，脉弱等脾虚之象。许多胃癌患者在确诊前，均不同程度地出现神疲乏力，面色少华，腹胀不适，便溏纳呆等脾虚症状，而且相当多的病例在术后脾虚症状更明显。脾胃气虚贯穿胃癌整个过程，脾虚与胃癌发生发展各阶段，疾病之间呈等级正相关。因此临证胃癌各个证候，各个阶段，屡屡以健脾和胃，保护胃气为首务。

临证在治疗主症的同时需加入顾护胃气的药物，酌情使用益气和胃，理气和胃，降逆和胃，养阴和胃，疏肝和胃，消食和胃，化湿和胃，温中和胃，制酸和胃等顾护胃气。处方用药以六君为基础，贯彻健脾和胃之法。脾虚失运，酿生湿浊者，加茯苓、猪苓、米仁等以健脾化湿；食滞胃脘者，加神曲、鸡内金、炒山楂、炒谷麦芽等以消食化滞；肝气犯胃，胁胀闷痛者，常加柴胡、郁金、绿梅花等以疏肝和胃。许多中晚期胃癌患者，之所以常能使其转危为安，与恰当运用健脾和胃，顾护胃气，保存生机密切相关。胃气是中医肿瘤临床治疗的关键所在，对中、晚期肿瘤患者特别重要，"有一分胃气，便存有一分生机"。临床施治必须本于脾胃，先籍胃气以为行，时时扶护脾胃之气。力求补脾胃而不生滞，清热谨防苦寒伤胃，燥湿谨防辛温伤阴，理气但不伤气，活血兼顾养血。无犯虚虚之戒，方能取得满意的临床疗效。

四、扶正培本，先天后天并重

正气亏虚是肿瘤发生发展的重要原因。癌肿的发生和发展是一个正邪相争的过程，肿瘤患者的正气与免疫状态及预后相关。《素问·评热病论》云："邪之所凑，其气必虚。"李中梓在《医宗必读》中说："积之成也，正气不足，而后邪气踞之。"胃癌是全身性疾病的局部表现，通常是全身属虚，局部属实的本虚标实之病证，脾虚及肾是本虚，胃内有积属标实。西医治疗中，手术治疗仅起到减瘤去邪的作用，而化疗只是短暂控制积瘤的进展，仅去标实而未从根本上改善胃癌患者脾胃虚损，反而是失血耗津，伤阴耗气，伤脾碍胃，伤及肾气。肾主纳气，一身之气摄纳在肾，肾为先天之本，五脏之根，肾气不固则五脏之气失于摄纳。肾阳衰弱，脾土更失于温煦，正虚更甚。

脾为后天之本，肾是先天之本，脾之健运，化生精微，需要肾阳的温煦作用，脾肾生理上相互资助，相互促进，病理上相互影响，互为因果。胃癌尤其是手术后及化疗后的患者，脾肾亏虚型或为主证，或为兼证，常见神疲乏力，气短懒言，面色无华，纳差，呕吐，水肿，腰酸痛或周身疼痛，皮肤瘙痒，筋惕肉瞤，皮肤甲错，大便干结或不畅，夜尿频多，排尿不畅，出血，舌质淡、苔白滑，脉沉细等证候。治疗不仅健脾益气，同时温补肾阳，滋阴补肾及填补肾精，助脾脏生发之气，以达事半功倍之效。临床常用黄芪、白术、茯苓、薏苡仁、大枣等益气健脾，女贞子、枸杞子、菟丝子、山茱萸等培补肾精，共奏健脾补气，滋阴补肾，扶正固本之效。

正确运用扶正培本法，可以调节人体的阴阳气血、脏腑经络的生理功能，纠正异常的免疫状态，增强人体内在的抗病能力，抑制癌细胞的生长。合理配伍祛邪药物杀灭癌细胞，抑制癌肿发展，则可以改善症状，强壮体质，稳定和缩小癌肿，延长生存期，甚至可以获得癌灶消失而治愈。

五、已病防变，防止复发转移

肿瘤治疗必须遵循综合治疗原则，肿瘤的治疗由以"病"为中心转向以"人"为中心，由注重"局部"转向"整体"调节。胃癌根治术后常出现复发及转移，西医在胃癌术后通常是采用辅助放化疗来减少复发及转移的机率，但之后的预防治疗基本空白，而胃癌复发转移后的治疗效果远较初治差，患者很快就会死亡。中医药治未病在胃癌术后的预防复发转移有非同小可的意义。中医治未病理论是中医理论的重要组成部分，也是中医药魅力所在。

胃为"水谷之海"，有受纳与腐熟水谷的功能。脾为后天之本，气血生化之源，脾胃居于中焦，是升降运动之枢纽。若脾胃气虚，则升降失常，水谷不能化生精微，内聚则生痰湿，阻碍气机，气滞血瘀，痰瘀互结，乃成癥块。脾虚是肿瘤发生发展的重要原因。胃癌根治术的创伤会抑制正常的胃肠运化功能，手术创伤也使患者机体的免疫功能进一步下降，易导致残余肿瘤的生长与转移及多种并发症的发生，从而影响近期的康复及远期的生存率。术后患者对化疗药物毒副反应的耐受性减低，影响化疗的密度剂量，从而影响化疗的效果。中医学认为，手术治疗暂时起到减瘤去邪的作用，并未解除患者气血、阴阳平衡及脏腑功能的失调，而化疗则更是伤阴耗气，损及脾肾。正气不足则余邪逐渐强盛，邪毒乘虚随经气或血脉流窜，客于脏腑，日久成积而导致胃癌复发及转移。脾肾亏虚可影响胃癌根治术后患者机体的康复，脾肾亏虚是胃癌根治术后转移和复发的主要原因。采用健脾补肾法为主，辅以清热解毒，活血散结来防止胃癌术后的复发及转移，可取得不俗的疗效。常用黄芪、茯苓、薏苡仁、猪苓益气健脾；女贞子、枸杞子培补肾精；半枝莲、藤梨根、莪术、八月札等清热解毒，活血散结；红枣、炙甘草补益脾胃，调和诸药。根据患者的症情辨证加减，对胃癌根治术后患者，能提高机体免疫力，抑制癌症复发及转移。

茹清静

【杏林步履】茹清静(1966—)，男，湖北省天门市人。浙江中医药大学附属第二医院(浙江省新华医院)主任中医师，硕士研究生指导老师。1988 年毕业于湖北中医学院，获学士学位，分配到天门中医院大内科，从事脾胃病、肝病、脑病、肺系病诊疗工作。1993—1996 年就读湖北中医学院中医内科学专业硕士研究生，获硕士学位。嗣后向民间医生学习肝病治疗经验。2002 年调入浙江省新华医院肝病科工作。先后赴浙江省肿瘤医院、上海中医药大学附属曙光医院进修或学习交流。2005 年遴选为首批“浙江省中青年临床名中医”培养对象，2008 年经考核合格获“浙江省中青年临床名中医”称号。2007 年考取浙江中医药大学中医内科学专业博士研究生，2010 年获博士学位。2008—2011 年被确定为第四批全国老中医药专家学术经验继承人，并通过出师考核。2011 年晋升为主任中医师。现任医院肝病科/感染科副主任。入选浙江省“新世纪 151 人才”，2012 年入选第三批“全国优秀中医临床人才”培养计划，为世界中医药学会联合会肝病专业委员会理事，中华中医药学会名医学术思想研究分会常委，长江三角洲中医肝病协作组委员，浙江省中医药学会脾胃病/肝病分会委员，浙江省中西医结合抗肝纤维化学组副组长。

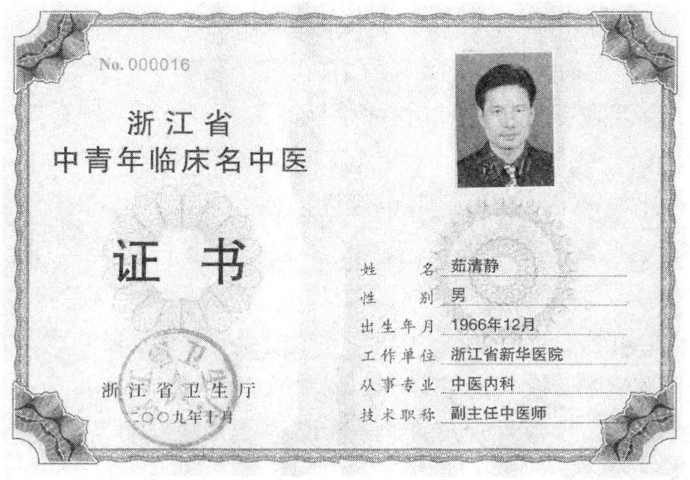
No.000016

浙江省
中青年临床名中医

证 书

姓　　名　茹清静
性　　别　男
出生年月　1966年12月
工作单位　浙江省新华医院
从事专业　中医内科
技术职称　副主任中医师

浙江省卫生厅
二〇〇九年十月

浙江省中青年临床名中医荣誉证书

【医学传承】祖父早年原为木匠，外出做工被匪徒枪击腿部，伤口难愈，遂开始自学中医以自疗，病情得以控制。嗣后以中医疮疡业医。父亲茹官嵩自私塾初中结业后就开始跟师研习中医，在乡卫生所从事全科医师50余载，擅长疮疡科、针灸科、脾胃病、妇科和小儿科等杂病。幼承庭训，在父亲诊所耳濡目染，被中医药的神奇治疗方法吸引。1983年考入湖北中医学院中医系，有幸聆听中医大师的授课，本科毕业工作后，作为荆州名老中医张广义学术继承人跟师学习。1993年考入湖北中医学院中医内科学专业硕士研究生，在国家中医肝病临床基地得到湖北名医朱起贵、王伯祥、张赤志等教授的指导，研究肝病诊治。硕士毕业后主攻传染病/肝病和脾胃病，中西并重，掌握现代医学最新诊疗进展。2002年在浙江省新华医院肝病科工作后，主攻肝硬化、脂肪肝、肝衰竭、肝癌的诊治。2005—2008年作为首批“浙江省中青年临床名中医”培养对象，先后随连建伟教授、徐珊教授等多位名医学习。2007—2010年，在导师徐珊教授指导下，攻读中医内科学专业博士学位。2008年入选第四批全国老中医药专家学术经验继承人，跟随导师徐珊教授研究脾胃病，从事继承整理研究工作，顺利通过考核和论文答辩，获人事部、卫生部和国家中医药管理局颁发的出师证书。2010年开始指导带教中医学徒张月萍，2011年聘为浙江中医药大学硕士研究生指导老师，开始招收硕士研究生。

【学术研究】从事中医药诊治消化系统疾病的基础与临床研究，主持和参加国家级和省部级等科研课题10多项，其中参与国家科技部重大课题1项，主持省自然科学基金课题1项。发表学术论文20多篇，主编参编《脂肪性肝病》《肝硬化》等著作4部。硕士学位论文《肝血瘀阻与肝纤维化的关系》发表后被广泛引用，论文《血府逐瘀汤治疗慢性肝炎肝纤维化的临床观察》获浙江省自然科学优秀论文二等奖；《肝气(阳)虚与阴黄证关系初探》在世界中医药学会联合会肝病专业委员会第一届学术会议大会发言，并获首届中医肝病新观点、新学说学术沙龙辩论赛“最佳辩手奖”；《胃气学说的内涵与外延研究》获首届“之江中医药论坛”优秀论文二等奖；《略论胃气的评估与慢性肝衰竭的防治》《中医的疾病预后观》等优秀论文，对胃气理论的研究取得创新，《肝衰竭胃气的定量评估与预后的关系》获全国中医药博士、博士后科技成果与转化优秀论文三等奖。研究成果获浙江省中医药科技创新二等奖和三等奖。从医20年，擅长内科常见病、多发病及疑难杂症，特别是中医药诊治胃肠疾病与肝病，如顽固性黄疸、肝硬化腹水、脂肪肝代谢综合征、慢性胃炎肠化生、反流性食管炎、异型增生(上皮内瘤样变)等癌前病变、慢性结肠炎、肠易激综合征、肝癌、胃癌术后，以及失眠、头痛等亚健康的调养。

中医药诊治肝硬化腹水具有明显的特色和优势，通过临床实践和实验研究，提出温阳养肝固本，顾护胃气治疗慢性肝衰竭中医药治疗策略。

慢性肝衰竭是指在肝硬化基础上，肝功能进行性减退和失代偿。诊断要点为：有腹水或其他门静脉高压表现；可有肝性脑病；血清总胆红素升高，白蛋白明显降低；有凝血功能障碍，PTA≤40%。短期病死率高，严重影响患者生存质量，目前尚无理想的治疗手段，主要是内科综合治疗，人工肝支持系统和肝移植治疗。尽管西医的肝与中医的肝不能等同，但从其病理机制和临床表现，该疾病属于中医的“阴黄”和“鼓胀”“积聚”等范畴。病位在肝，涉及脾肾两脏和胃、胆两腑。阴黄证其病机以寒湿论者居多，脏腑虚损者次之，肝气虚和肝阳虚者较少。而鼓胀病多为肝脾肾虚损，气滞水裹血瘀为患，为本虚标实。扶正易致壅塞，祛邪易伤正气，自古为难治之疾，对这类重症病例中医以胃气判断其预后，但无客观统一和定量的评价标准。通过对肝气(阳)虚与阴黄证的关系以及胃气虚损与鼓胀预后的关系的理论研究，对温阳养肝固本法为主治疗慢性肝衰竭相关之“阴黄”“鼓胀”作了论证和验证。

慢性肝衰竭常表现肝硬化腹水之“鼓胀”病及肝功能减退之“阴黄”证，自古即为四大难症之一，也是现代医学之常见疑难问题。现代医学的内科综合治疗效果有限，人工肝支持系统乃至肝移植的应用受到诸多限制，迫切需要解决患者的诸多并发症，改善生存质量及延长寿命。阴黄证肝气(阳)虚证系肝脏功能低下出现的一种病证，临床表现复杂多样。如筋脉失养，可见倦怠不耐劳；疏泄失常，藏魂失职则忧郁胆怯，胆汁排泄无力则蓄积为害，影响脾胃健运，胆汁无法转输或寒湿内生，即可出现阴黄证；肝气虚，继而胆气不足，胆汁排泄无力，积滞外溢导致黄疸；肝气(阳)虚，脾阳不振，运化无力，也可导致胆汁积滞导致阴黄；肝阳虚，寒湿内生，气滞血瘀，胆液困阻，外溢于肌肤而发为阴黄。阴黄证既可由于寒湿困脾引起，也可由肝气虚和肝阳虚引起，肝脾两虚或肝肾两虚，因虚致实亦可出现，临床不容忽视。阴黄证既可作为“黄疸”病的一个证型，广义上也可认为是一个“病”，其又可进一步辨证分为肝气虚证、肝阳虚证、寒湿困脾证等。阴黄属肝气虚或肝阳虚者，临床尚无统一标准，但有一定理论根据，这对于指导临床显示一定的疗效，有待进一步研究。

“胃气”虚损是鼓胀病形成的重要原因，也是其预后的主要评定指标。大补“胃气”是鼓胀的主要治疗原则之一。因此，慢性肝衰竭之“阴黄” 证与“鼓胀”病，理论上温阳养肝固本可以作为基本治则。肝气肝阳的虚损导致的阴黄，不应忽视。鼓胀的治疗更不能舍本求末，先天之本与后天之本，以后天之本更为重要。中医学把“胃气”作为危重疾病预后的重要指标，对于鼓胀、阴黄之预后的判断也不例外，我们根据中医理论，采用临床流行病学研究方法，对慢性肝衰竭初步建立中医“胃气”的定量评估标准。并正在进行信度(reliability)和效度(validity)的检验，建立简便、客观、实用的肝衰竭中医学预后判断模型，以大补“胃气”提高疗效，改善患者生存质量，延长患者生存时间，将是中医学治疗慢性肝衰竭等疑难病证的有效范例。

根据中医的疾病预后观的系统研究，以胃气为主要着眼点，根据“食欲减退程度”“腹胀程度”“胃气上逆程度”“腹泻程度”“乏力程度”“神色”“营养状况”“舌苔望诊”等 8 项指标制订“胃气”评估量表，进行信度和效度的检验。制订具有中医特色的肝衰竭预后判断模型，并与 MELD 模型进行对照，探讨肝衰竭患者胃气损伤与预后的关系。采用前瞻性多中心病例队列随访研究，对肝衰竭患者 136 例，观察其入院起 1 个月、3 个月、6 个月的胃气损伤评分和血清生化学指标、MELD 评分、生存状况。结果显示：该“胃气”量表具有稳定性和一致性。胃气损伤评分与 MELD 评分的呈正相关，相关系数 $r=0.323$，$P<0.001$。同时肝衰竭死亡组与存活组之间胃气 1 评分、MELD 1 评分差异具有显著意义；胃气模型作为死亡风险预测的 ROC 曲线下面积为 0.663，$P=0.001$。当胃气损伤评分为 11 分时，其预测死亡风险的灵敏度为 62%，特异性为 60%。该胃气评估量表简便实用，经内在信度检验，具有稳定性和一致性。胃气损伤评分与 MELD 评分呈正相关。该胃气量表及中医预测模型可预测肝衰竭疾病近期死亡风险。

朱君华

【杏林步履】朱君华(1961—),男,浙江省杭州市人。浙江中医药大学主任中医师,编审,硕士研究生指导老师。1980年考入浙江中医学院中医学专业,1985年毕业后留校任教。1998—2001年在职就读浙江中医药大学研究生班,获硕士学位。2002年就读浙江中医药大学博士研究生,2005年获博士学位。2002年10月拜徐珊教授为师,成为第二批浙江省名中医学术经验继承人。2004年晋升为编审,2006年晋升为主任中医师。先后担任浙江中医药大学学报编辑部主任,生命科学院院长。

【医学传承】2002—2006年作为第二批浙江省名中医学术经验继承人,师从徐珊教授,2006年6月经浙江省卫生厅组织考核,成绩合格,届满出师(浙卫发[2006]353号)。分别在1998—2001年和2002—2005年在徐珊教授指导下攻读中医内科学专业硕士和博士学位。作为硕士研究生指导老师,指导带教硕士研究生,毕业2人,在读1人。

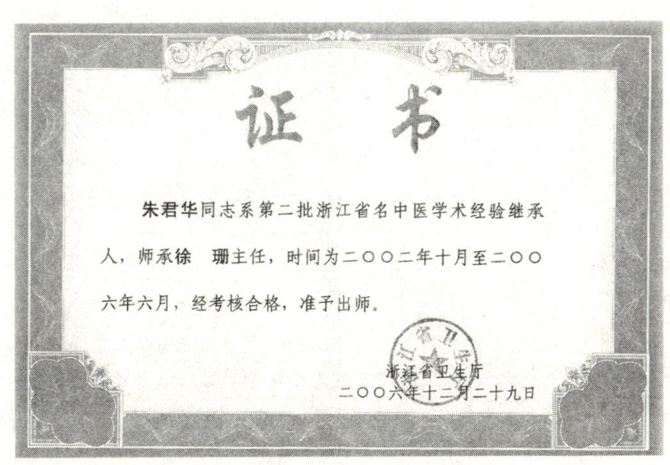
证书

朱君华同志系第二批浙江省名中医学术经验继承人,师承徐　珊主任,时间为二〇〇二年十月至二〇〇六年六月,经考核合格,准予出师。

浙江省卫生厅
二〇〇六年十二月二十九日

浙江省名中医学术经验继承人出师证书

【学术研究】从事中医临床诊治工作,研究方向为消化系统疾病中医药治疗研究以及中医药文献研究。先后承担完成国家级、省部级中医药课题13项,其中参与完成的“乐胃饮对实验性FD胃肠动力及应激能力的干预”成果获浙江省科学技术二等奖,“中医实验动物模型方法学研究”成果获浙江省科学技术三等奖,“浙江省中医药论文文献计量学研究”成果获浙江省中医药科技进步奖三等奖，国家重点攻关项目《中国医籍大辞典》成果获第五届中国辞书奖一等奖、第六届中国图书奖提名奖。出版专著5部，发表学术论文50余篇。

擅长治疗失眠、便秘、胃病、慢性肠炎等内科杂症，以及泌尿系统疾病、肿瘤的中医治疗、肿瘤手术与放疗化疗后的中医调理和癌前病变等，对中医药治疗慢性萎缩性胃炎有特色和专长。

一、病机认识

萎缩性胃炎为胃腺体萎缩，胃酸及胃蛋白酶分泌减少，甚则完全无胃酸分泌，属中医“胃脘痛”范畴，其致病原因错综复杂，病情虚实相兼，病程迁延难愈。病因初期多由饮食不节，情志所伤，或由脾胃虚弱兼夹外邪导致脾胃升降失调，气机紊乱。临床表现以虚实夹杂，气滞血瘀，肝郁化火伤阴或脾失健运，水湿内停，湿热内结，热盛伤阴；或久病失治、误治，或过用香燥劫阴之品，均可导致胃阴不足或肝肾阴虚，血络瘀滞，胃失荣养。本虚标实为本病基本病机，脾为后天之本，运化水谷，胃受纳、腐熟水谷，脾胃居中焦为人体气机斡旋之枢纽。《诸病源候论》中指出：“脾者，脏也。胃者，腑也，脾胃二气，相为表里。胃受谷而脾磨之，二气平调，则谷化而能食。若虚实不等，水谷不消，故令腹内虚胀，或泄，不能饮食，所以谓之脾胃气不和不能饮食也。”脾胃虚弱可使水谷运化失司，气机升降失调，气血生化失常，又因湿浊、宿食、瘀血、火热、水饮、气滞等因素，本虚标实使得病证纵生、多变。临床中慢性萎缩性胃炎的患者多以脾气虚弱，胃阴不足为主，且病久入络，故多兼以瘀血阻络之证，这与胃镜镜下胃黏膜腺体萎缩、肠化病理变化等相符。

二、辨证施治

1. 从痞满辨治

胃脘痞满是本病的主症之一，其病因不同，有虚实之分。《景岳全书》曰：“有邪有滞而痞者，实痞也；无邪无滞而痞者，虚痞也。”虽曰虚痞，实乃本虚标实，而非无邪无滞。其发病过程可概括为“因滞致虚，因虚夹邪”。因此导滞法需贯穿于治疗始终。如脘痞饱胀，食后嗳腐，气滞、食滞明显者，予大腹子皮、枳实（或枳壳）、莱菔子、焦三仙行气消食，忌用苦寒攻下之品。时常胃脘痞满，食后加剧，选用百合、乌药、香橼皮等性味平和之理气药，忌用香燥疏散破气之品，以免伤及正气。症见脘痞，胸闷，纳呆，身重，苔白腻等，证属挟湿，治当健脾化湿，少佐芳化，常用苍术、白术、扁豆、薏苡仁、茯苓、藿香、佩兰、厚朴花等，忌用辛开苦降治实痞之法。

症见胃脘痞满，灼热，口苦吞酸，大便干结，舌质红，苔黄，证属挟热，治以甘凉养胃，少佐辛苦泄热，药用少许黄连、吴萸、蒲公英，忌用苦寒直折胃热之法。症见久病脘痞，或有隐隐刺痛，舌暗或有瘀点瘀斑，证属挟瘀，治当活血通络，选用当归、丹参、三七粉、地龙，忌用活血逐瘀攻逐，以免克伐中气。

2. 从疼痛论治

“通者，不痛也；痛者，不通也”。治疗应止痛为先，宜选生蒲黄、炒五灵脂、醋延胡索理气活血，化瘀止痛。症见胃脘隐痛，口干欲饮，大便干结，舌红少苔者，为胃阴不足，治当益胃养阴，药用北沙参、麦冬、乌梅、石斛等。症见脘痛连胁，攻窜不定，疼痛与情志关系密切者为肝逆犯胃，治当疏肝和胃，药用苏梗、香附、陈皮、姜半夏等。症见胃痛缠绵，喜食喜按，嗳气呃逆者为脾胃虚弱，治当健脾益气，和胃降逆，药用党参、茯苓、白术、姜半夏等，如进一步发展出现胃痛缠绵，喜温喜按，泛吐清水，手足欠温，大便稀溏者为脾胃虚寒，治当温中健脾，药用良姜、香附、桂枝、白芍。症见胃脘刺痛，痛有定处，夜晚尤甚，得食加重者为瘀血阻滞，治当活血止痛，药用乳香、没药、丹参、田三七等。

3. 从嘈杂辨治

嘈杂是脘中饥嘈，或作或止。其证有寒热之分，有学者指出：“胃中虚寒，嘈而喜热，恶寒，苔白者，宜用温中和胃；胃中有热，嘈而口干，舌红苔黄，宜用清热和胃；肝火犯胃者，嘈而烦躁泛酸，宜用清肝泻火。”根据上述观点，温中和胃剂之类，清热养胃剂之类，清肝泻火剂之类，用之临床，常能应效。

4. 从食欲辨治

食欲不振是本病的最常见症状之一，宜选用焦三仙、炒鸡内金、莱菔子等消食和胃。脾胃气虚者，食欲不振，疼痛每于空腹时加重，而食后又易发胀。胃阴不足者，知饥不思食，喜进流汁软食，食粗糙食物则痛作。而腹满畏食者，多属肝气犯胃或瘀血阻滞。应根据上述辨证，处方用药。

5. 从胃酸辨治

患者胃液分析常提示胃酸减少，但治疗仍需根据病人不同情况，进行辨证用药，方能奏效。如低酸而见胃阴不足者，除用乌梅酸甘化阴养酸外，宜选用生地、沙参、麦冬、石斛甘寒生津引致胃酸产生。食积酸少或脾胃气虚食滞酸少者，首选山楂补酸兼消食，另加用鸡内金、麦芽等药，促进胃肠运动增强，提高胃液及胃酸分泌。低酸而见痰湿之病人，可用木瓜补酸，兼和胃化湿，另加藿香、佩兰、厚朴花、菖蒲等芳香化湿之品，促进消化和胃酸分泌。寒证病人而见酸少者，则可用良姜、肉桂等辛温之品，刺激胃黏膜分泌胃酸。

成信法

【杏林步履】成信法(1966—)，男，浙江省余姚市人。浙江中医药大学副研究员。1986 年 9 月考入浙江中医学院，在中医系中医专业就读。1991 年 7 月毕业，留校担任学生工作辅导员，从事学生管理工作。1993 年 12 月在校科技开发办公室从事中药科技开发和校办产业管理工作。1998 年 10 月调入教务处从事教学管理工作。2010 年 7 月调入浙江中医药大学滨江学院(独立学院)，从事学院全面管理工作。先后担任科技开发办公室副主任、教务科副科长、教务科科长、教务处副处长，现任浙江中医药大学滨江学院常务副院长、浙江省独立学院专业委员会委员。2002 年 10 月拜徐珊教授为师，成为第二批浙江省名中医学术经验继承人。

【医学传承】2002—2006 年作为第二批浙江省名中医学术经验继承人，师承徐珊教授，2006 年 6 月经浙江省卫生厅组织考核，成绩合格，届满出师(浙卫发[2006]353 号)。后因工作需要主要从事高等中医药教育和教学管理工作，但深受恩师的医术和心术启发，尤其在中医药本科人才培养模式探究中，率先在全国中医院校中提出把学生成长和成才的权力交给学生自己的理念，充分发挥学生的自我学习能力。在学生培养中，注重医德医风的教育，让学生有良好的职业素养，视恩师为楷模。

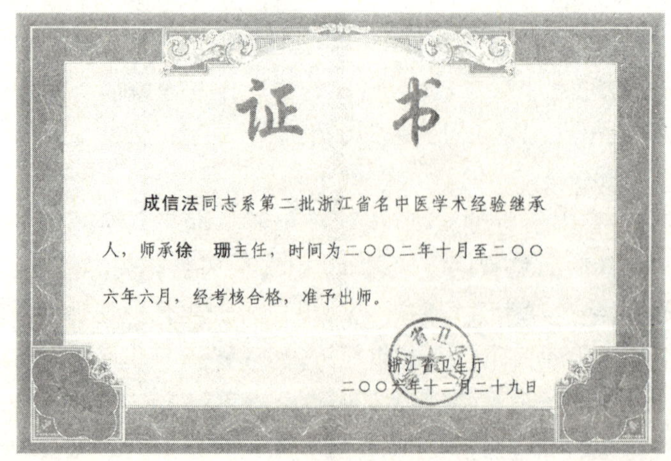

证书

成信法同志系第二批浙江省名中医学术经验继承人，师承徐 珊主任，时间为二〇〇二年十月至二〇〇六年六月，经考核合格，准予出师。

浙江省卫生厅
二〇〇六年十二月二十九日

浙江省名中医学术经验继承人出师证书

【学术研究】主要从事高等中医药人才培养研究工作，出版著作《护肤养颜中药》《大学生心理健康教育概论》《大学生学习学》《中医实习医生指南》《医药商品学》。发表教学管理和医学研究论文20余篇。主持和参与省部级课题研究4项、厅局级课题研究6项。参与完成的“萎缩性胃炎脾虚证实验鼠细胞凋亡调控基因蛋白的表达”等研究成果获浙江省科学技术三等奖1项，浙江省中医药科学技术创新奖二等奖、三等奖各1项。

同时也从事中医诊治工作，从徐珊教授治疗脾胃病的经验中获益匪浅。选用《伤寒论》芍药甘草汤，治疗慢性萎缩性胃炎疗效甚佳。慢性萎缩性胃炎由于胃黏膜及其腺体不同程度的萎缩，导致胃液分泌减少，故而不同时期的萎缩性胃炎都存在着胃液不足或缺乏，恢复胃液至正常含量是中医治疗该病的关键之一。胃液属于中医津液范畴，即胃阴，选用芍药甘草汤，正是解决了胃阴之不足。方中白芍酸苦微寒，益阴养血；炙甘草甘温，补中缓急。白芍虽寒，但有甘草之温，寒而不伤胃，两药合用，酸甘化阴，胃阴得以滋生，即胃液得以恢复。同时结合辨证用药，胃黏膜及腺体得以修复，临床症状也随之消失。临床运用芍药甘草汤加味治疗慢性萎缩性胃炎36例，取得了良好效果。其中男20例，女16例；年龄最大69岁，最小30岁，平均54岁；病程最长20年，最短1年；属肝胃气滞型9例，脾胃虚寒型1例，胃阴不足型12例。胃镜报告：慢性浅表萎缩性胃炎7例，慢性萎缩性胃炎2例，慢性萎缩性胃炎伴肠上皮化生7例。所有病例均采用芍药甘草汤治疗，方以白芍15～20克，炙甘草6～9克为基化裁。肝胃气滞型合用柴胡疏肝散；脾胃虚寒型合用黄芪建中汤；胃阴不足型合用麦门冬汤。并随证选用蒲公英、白花蛇舌草、鸡内金、乌梅、山楂、半枝莲、藤梨根、石见穿等。临床观察治愈6例，好转27例，总有效率达91.7%。

张爱琴

【杏林步履】张爱琴（1969—　），女，浙江省龙泉市人。浙江省肿瘤医院主任中医师，浙江中医药大学硕士研究生指导老师。1987 年从台州卫校医士班毕业后，分配在龙泉中医院工作。1992 年考入浙江中医学院中医内科学专业硕士研究生，1995 年毕业后留校从事教学、科研和临床工作。1998 年调入浙江省肿瘤医院，从事恶性肿瘤的临床与科研工作。2003—2007 年在浙江中医学院攻读中医内科学专业博士学位。2005 年遴选为首批“浙江省中青年临床名中医”培养对象，2008 年经考核合格获“浙江省中青年临床名中医”称号。2006 年晋升为主任中医师。现任中国肿瘤临床协作组（CSCO）会员，浙江省医学肿瘤康复委员会秘书、青年委员，浙江省抗癌协会抗癌药物专业委员会委员，浙江省抗癌协会传统医学专业委员会委员，以及《中国肿瘤》和《肿瘤学杂志》编委。

【医学传承】1992—1995 年在王泽时教授指导下攻读硕士学位，2003—2007 年在吴良村教授指导下攻读博士学位，2005—2008 年在徐珊教授指导下，完成“浙江省中青年临床名中医”培养计划。有幸跟师学习，侍诊师侧，获益良多。2004 年至今已培养硕士研究生 2 名，现指导硕士研究生 2 名。

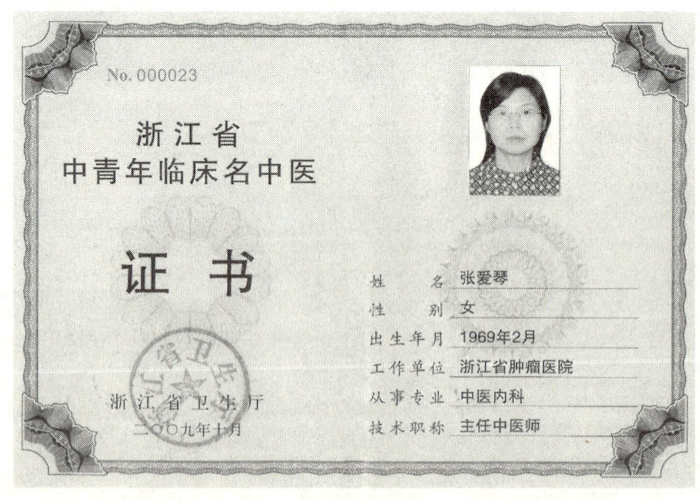
No. 000023

浙江省
中青年临床名中医

证书

姓　　名　张爱琴
性　　别　女
出生年月　1969年2月
工作单位　浙江省肿瘤医院
从事专业　中医内科
技术职称　主任中医师

浙江省卫生厅
二〇〇九年十月

浙江省中青年临床名中医荣誉证书

【学术研究】从事中医药防治恶性肿瘤的基础与临床研究，主持和参加国家级和省部级等科研课题10余项，发表学术论文30多篇，出版著作4部。从医20余年，擅长中晚期肿瘤的中西医结合治疗，尤其对消化系统（食管、胃、肠、肝、胰腺）、肺、乳腺、妇科及头颈部恶性肿瘤的中西医治疗及肿瘤放、化疗中的中药辅助治疗。目前的主要研究方向为中西医结合防治肿瘤的基础与临床研究，运用中医肿瘤的辨证施治原则，对于术后患者采用中药调理，以增强患者体质，降低复发率。对于放化疗前或后或期间的患者，配合中药，以减轻毒副反应，增强疗效；对于不能手术和放化疗的患者，采用分阶段的中医治疗，以达到减轻患者的痛苦，提高生存质量，延长生存期。

原发性肝癌为临床常见恶性肿瘤之一，具有恶性程度高、发展迅速、病死率高等特点，严重威胁着人类生命健康。肝癌归属中医学“肝积”“积聚”“癥瘕”“黄疸”等病证范畴，中医药在防治肝癌复发、转移及改善中晚期患者症状，提高生存质量，延长生存期等方面具有明显优势，是原发性肝癌综合治疗中不可缺少的手段之一，在治疗肝癌，尤其是中晚期肝癌中占有非常重要的地位。中医药治疗以健脾为主，同时配合疏肝理气，可收到较好的治疗效果。其疗效优于清热解毒，活血化瘀等其他中药治疗方法，与手术、介入、放化疗等其他方法联合应用可起到减毒增效之功。

中医学认为肝与脾在生理、病理上有着密切的联系，生理上脾胃正常的运化和升降功能有赖于肝气的正常疏泄功能，肝的疏泄功能正常，气机条畅，则脾胃升降有序，运化功能健全。同时，脾胃为后天之本，气血生化之源，脾气健运则生化有源，肝血充盛；肝血充足，又能制约肝阳，防其太过，而使肝气冲和条达。病理上脾病可影响于肝，脾气不足，血无化生之源，或脾不统血，失血过多，可累及于肝，形成肝血不足。脾失健运，水湿内停，日久蕴积生热，湿热蕴蒸，使肝胆疏泄不利，可形成黄疸。反之，肝病也影响于脾，肝失疏泄，可影响脾胃之运化和升降，形成肝脾不调或肝胃不和的证候，如恼怒抑郁所致的胸胁痞满，食欲不振，嗳气不舒或食后腹胀，就是肝失疏泄，影响脾胃功能造成的。由此可见，脾病传肝，肝病及脾，肝脾两脏在病变上相互影响。

中医学认为肝癌乃因虚而致实，是虚实错杂的疾病。古人云：“壮人无积，虚人则有之。”《医宗必读·积聚》谓：“积之成也，正气不足，而后邪气踞之。”肝癌的产生，主要病机责之于正虚邪实。正气虚衰是肝癌发病的基础，肝癌的病位虽在肝，但最易损伤脾胃，肝病则木郁，木郁则横逆乘脾；癌毒消耗气血及生化之源，久致脾胃虚弱；临床广泛使用的手术、放化疗、介入等治疗手段更是无一不重伤脾胃，故肝癌患者在疾病不同时期中均可出现不同程度的脾气虚弱证候，临床表现为倦怠乏力，食欲不振，食后腹胀，大便溏薄，舌淡苔白，脉象缓弱等。

原发性肝癌常见症状如腹胀腹泻、乏力、消瘦、食欲减退、恶心、呕吐等都属于中医的"脾胃"范畴。而肝癌晚期的黄疸、腹水、肿块疼痛，发热亦是脾虚的结果。脾气虚弱，则运化无权，水谷精微不得消化吸收，气血生化不足，可见胃纳减退，神疲乏力，进而形体消瘦，腹胀便溏。脾虚不能运化水湿，致使湿痰内聚，阻滞气机，升降失常，可见腹满便闭，胸胁作痛，恶心呕吐。脾失健运，湿壅中焦，滞而化热，熏蒸肝胆，胆汁外溢，则身热，尿黄，身目发黄，皮肤发痒或身热起伏，汗出热不解。脾虚日久，延及肺肾，水液滞留，则面浮肢肿，腹胀如鼓，尿少。虽然肝癌所表现出的症状表面看与脾虚并不吻合，但透过现象看本质，湿阻化热，水液滞留，瘀血内停等一系列病理变化皆可由脾虚发展而来。故脾虚是其本，湿热，瘀血，水液滞留是其标，脾虚日久，脾阳不振，元气衰微，又可加剧癌肿的发展。

脾虚是肝癌的主要病机，而肝癌邪毒更易耗伤人体正气，加重脾虚，如此恶性循环，病势凶险。《医学心悟》云："……虚人患积者，必先补其虚，理其脾，增其饮食。然后用药攻其积，斯为善治……"可见健脾扶正在治疗肝癌治疗中占重要地位，健脾扶正对肝癌治疗有特殊的作用。《外证医案》云："正气虚则成岩，养正积自消。"在临床上肝癌多表现为肝气横逆乘脾和脾虚肝乘两个方面。前者是肝实而乘脾，此时脾虽未虚，但治疗的同时仍需注意实脾，维护脾之正常健运，以杜木乘。《金匮要略》曰："见肝之病，知肝传脾，当先实脾。"后者主要是脾虚，治疗时非但要实脾，还要以补脾为主，使脾气及早恢复健运，不再受木乘克。另外脾虚湿邪不化，使土壅木郁，常可出现脾病及肝的现象。可见，肝脾关系调和与否，与脾之健运息息相关。脾气健运，非但不受木乘，反有益于肝。脾气健运，既可杜木之乘，又可滋养肝木，而遂其疏泄条达之能，有利肝脏功能恢复。

在现代治疗中，手术耗气伤血使消化功能减退，放疗、化疗严重损伤脾胃，造成营养障碍，加上社会上治疗肿瘤一味强调清热解毒等大剂量长时间的苦寒中草药损伤脾胃。在治疗时要考虑现代治疗方法对脾胃的影响，在治疗的各个阶段，都应保护脾胃功能。只有在脾胃功能正常的基础上，才能进行其他抗肿瘤治疗。在肝癌的中医辨证治疗中，无论是补虚扶正，还是清热解毒，活血化瘀，软坚散结，均应尽量选用药性平和之品，避免大辛大热，大苦大寒，或过于滋腻，以防伤及脾胃功能。在肝癌的治疗中应着重针对"脾虚"组方用药，避免因大量使用攻伐之品而造成正气益虚而邪气益甚，通过健脾达到扶正的目的，从而缓解临床症状，提高生活质量，延长生存时间。

周嘉鹤

【杏林步履】周嘉鹤(1970—)，男，浙江省温州市人。杭州市第三人民医院副主任中医师。1988年考入浙江中医学院中医学专业，1993年大学本科毕业，获中医学学士学位。2000年在温州医学院攻读临床医学硕士学位，获内科学硕士学位。2003年考入浙江中医药大学就读中医内科学博士研究生，2006年获博士学位。毕业后在杭州市第三人民医院消化内科工作至今。

【医学传承】2003—2006年在徐珊教授悉心教导和培养下，攻读中医内科学专业博士学位。徐教授在临床实践中既尊崇经典，又灵活变通；既发挥中医辨证论治优势，又结合现代科学，对我们临床工作思路有重要指导作用。

【学术研究】从事中西医结合诊治消化系统疾病的基础与临床研究，主持省厅级及杭州市课题2项，发表学术论文6篇，参与完成的"萎缩性胃炎脾虚证实验鼠细胞凋亡调控基因蛋白的表达"研究成果获浙江省科学技术三等奖。擅长中西医结合诊治慢性胃炎、功能性消化不良、消化性溃疡、反流性食管炎、慢性结肠炎、肠易激综合征及肝、胆、胰等消化系统疾病，特别是对中医药诊治慢性萎缩性胃炎胃黏膜肠化、异型增生等癌前病变有丰富的临床经验。

慢性萎缩性胃炎属中医"胃痛""痞满""嘈杂"范畴，是消化系统常见病、多发病、难治病之一，发病率随年龄增长而增加，与胃癌的发生关系密切，其诊治已成为当前研究的重要课题。中医药诊治慢性萎缩性胃炎具有明显的特色和优势，通过多年随师学习，临床实践和实验研究，对本病的病因病机和治疗体会总结如下。

一、病机认识

1. 脾胃虚弱为本

脾为脏属阴，主运化升清，喜燥而恶湿；胃为腑属阳，主受纳和降，喜润而恶燥。脾胃同居中焦，刚柔燥湿相济，阴阳相合，共司受纳腐熟，运化水谷之职而化生气血，脾胃中气健旺，则水谷精微善消能运，气血化源充足，周身得以充养。脾胃一直被尊为"后天之本""气血生化之源"。然胃腑与外界相通，最易受戕，或由饮食不节，或因情志失调，或因外邪侵袭(特别是幽门螺杆菌感染)，胃膜受损等，诸多因素皆可伤及脾胃，致纳运失职，升降失常，日久由气滞、气逆进而导致气虚。中土羸弱，运化不力，以致胃不能受纳、腐熟水谷，脾不能运化、转输精微，生化乏源，气血俱虚，胃体失养，渐致胃黏膜腺体萎缩。慢性萎缩性胃炎之脾胃虚弱，当以气虚为先，以气虚为主。在脾胃气虚的基础上，或因气虚及阳，中阳不足，而致脾胃虚寒，或因气虚运化不力，生化乏源，胃阴受损，胃体失养，临床可表现为气阴两虚之候。

2. 气滞血瘀热毒为标

慢性萎缩性胃炎大多由浅表性胃炎发展而来，病程迁延日久，反复不愈，久则由气入血，即久病入络，久病必瘀。叶天士明确提出："初病气结在经，久病则血伤入络。"一方面，胃气郁滞日久，必然影响血液运行，血液流动不畅而成瘀血。另一方面，气之于血，有温煦、推动、统摄的作用，这些作用，均有赖于脾胃之气的旺盛充足。慢性萎缩性胃炎病程已久，脾胃之气受损，"气虚不足以推血，则血必有瘀"。瘀滞胃体，不仅使病情加重，缠绵难愈，日久还可形成有形之积，发生胃癌。慢性萎缩性胃炎病在脾胃，脾胃气虚，运化不力，饮食水谷不能化生气血精微，水反为湿，谷反为滞，湿滞蕴久，而从热化；或胃络瘀血，壅遏气机，失于流畅，瘀而化热；或情志不畅，肝气郁结，日久化热；或食积停滞，郁而为热；或外邪侵袭，滞于胃腑；或偏嗜辛辣、炙烩肥厚、烟酒等，诸多因素，可致热郁中焦之候。临床常见有口干口苦，胃脘嘈杂，舌质偏红，舌苔黄腻等症状，而热盛则更可为毒，故重者每可形成热毒蕴结之证。

二、治疗体会

1. 益气健脾补中求通

慢性萎缩性胃炎病情迁延，久病必虚，其本在于脾胃气虚，益见补益脾胃之必要，也乃治病求本之真意。然久病未必皆虚，由于脾胃虚弱，运化功能减退，则水反为湿，谷反为滞，"气滞""湿阻""食积""瘀血"等相因为患，导致虚中挟实的病理状态。病虽由脾失运化所致，若一味进补，过用甘腻之品，则可导致气滞生满，食积难化，助湿生痰，瘀热伤络。所以，临床上治虚兼顾祛实之不同，使补中有通。补虚常用党参、白术、黄芪之类以补脾益气。兼气滞者应佐以陈皮、木香、佛手以健脾理气；兼有食滞者，则佐以鸡内金、炒谷芽、炒麦芽等消食健脾和胃之品；兼湿阻当加藿佩、苏梗之属以助利湿。

2. 活血祛瘀贯穿始终

本病病程缠绵，以脾气虚为本，气虚无力行血，日久必成气虚血瘀之证。此外，郁怒伤肝或情志不遂，肝失疏泄，气机郁滞，气有一息之不运，则血有一息不行，何况本病经年累月，正所谓"凡气既久阻，血亦应病，循行之脉络自痹"。因此，调气虽为重,活血不可丢,而且应当贯穿治疗的始终。本病胃镜下常见黏膜红白相间,以白相为主,色泽变淡,黏膜变薄,可透见黏膜下血管,或见黏膜呈颗粒状或结节状改变,严重者可见肠化和不典型增生。这些局部表现实际上是胃络瘀阻的外在现象。故常在益气健脾的同时予活血化瘀之法。在治疗过程中加用莪术、三七、焦山楂等以活血通络,使胃脉络通畅,瘀滞消除,胃腑方得以滋溉,利于萎缩病变的改善。

3. 清热利湿以助祛邪

由于脾胃居于中焦,为全身气机升降之枢纽,主升清降浊,运化水湿。脾属太阴湿土,性喜燥而恶湿,胃属阳明燥土,性喜润而恶燥。《温病条辨·湿》谓:"脾主湿土之质为受湿之区,故中焦湿症最多。"素体脾胃虚弱而阳虚者,湿邪易于寒化为病;平素胃中积火热盛者,湿邪反而易从热化。过用寒凉之品,易从寒化;过用温燥之品,则易于热化。现代医学中的幽门螺杆菌感染的形成大多数都与中医湿热之邪有关,故清热化湿治疗幽门螺杆菌感染对慢性萎缩性胃炎的治疗具有一定的作用。如幽门螺杆菌阳性者,可适当选加对幽门螺杆菌具有一定抑杀作用的黄芩、蒲公英、半枝莲、白花蛇舌草等药物。中药对幽门螺杆菌的作用,除对其有直接抑杀作用外,更重要的是扶正祛邪,提高胃黏膜的抗病能力。

王常松

【杏林步履】王常松(1969—)，男，河南省光山县人。福建中医药大学副教授，硕士研究生指导老师。1988—1991年就读于河南中医学院，1991—2000年在河南省国防科工委9617医院从事临床医疗工作，2000—2003年在河南中医学院攻读硕士学位，2003—2006年在浙江中医药大学攻读中医内科学专业博士学位，2006年至今在福建中医药大学任教，2009年晋升为副教授。

【医学传承】2000—2003年在王正益教授指导下攻读硕士学位，2003—2006年在徐珊教授指导下攻读博士学位。在攻读硕士和博士学位期间，深受两位尊师的教诲，影响至深。

【学术研究】主要从事消化系统疾病证治基础及证候客观化研究，主持省部级课题2项，厅局级课题2项，发表学术论文30余篇，参编教材1部。临床上主要从事消化系统疾病的中医药治疗。

中医药治疗慢性胃炎，临床获得很好疗效，临床用药应据本病生理病理特点和致病因素的性质来辨证论治，合理选方用药，方能取得较好疗效。

1. 胃主受纳，纳运协调，相辅相成

饮食入口，容纳于胃，故有胃为“水谷之海”之说，胃之受纳腐熟水谷的功能必须与脾之运化功能相配合，即脾主运化水谷功能的协助，所以脾胃在功能上一纳一运，纳运协调，相辅相成。纳是运的前提，运是纳的延续，无纳则脾无以运，无运则纳无以化。

因此，慢性胃炎的治疗在重视对胃腑治疗的同时，还需注重对脾脏功能的调养，脾健则助胃之受纳，也就是既要重视“纳”，又不可忽视“运”。在方剂配伍中选用山楂、神曲、麦芽、谷芽、鸡内金之类助胃之受纳，同时配伍党参、白术、茯苓、山药等以健脾助运化，共达有纳有运，纳运协调之功。

2. 胃主通降，以降为补，升降相因

胃腑的功能特点为主通降，以降为和，以降为补。饮食入胃，经胃之腐熟消化之后，必须下行入小肠进一步消化。但胃之通降又和脾主升清功能相反相成，相得益彰，即脾升胃降是相对而言，无升就无以降，无降就无以升，诚如《临证指南医案》所说：“脾以升则健，胃宜降则和。”

因此，在临床治疗过程中往往升降并用，相反相成，如升麻配沉香、柴胡配半夏、葛根配旋覆花、黄芪配代赭石、生姜配竹茹、白术配柿蒂，共获脾升胃降，升降和调之功。

然而，脾升胃降的功能又受到肝主疏泄，调畅气机的影响。肝疏泄正常，则脾气能升，胃气得降，升降协调，共同完成对食物的消化吸收，可见脾升胃降的功能除需要脾胃脏腑相互调节、相互为用外，同时也离不开肝主疏泄，调畅气机功能的辅佐。所以慢性胃炎在治疗过程中，应重视斡旋气机，调理肝脾和肝胃功能之间的关系，在方药配伍中常常应用陈皮、木香、佛手、香橼、乌药（病性偏寒者）、枳壳、柴胡、郁金（病性偏温者）、青皮、枳实（气机郁滞较甚者）等，以达到《素问·宝命全形论》中所描述的“土得木而达”之效。

3. 辛开苦降，寒热佐制，相得益彰

慢性胃炎患者往往由于饮食寒热失度，导致脾胃损伤。引起胃热的因素有：平素嗜食辛辣厚味，助湿生热，或脾失健运，酿湿生热，或积湿宿食，郁而化热，或七情失调，气郁化火等。导致胃寒的因素有：过食寒凉食物，或外感寒邪直中，或过服寒凉药物攻下伤胃。因此，在治疗过程中宜辛开苦降，调畅气机。

在胃火炽盛型慢性胃炎治之以寒（苦降药），寒邪客胃型慢性胃炎治之以热（辛开药）的过程中，注意寒热佐制的配伍运用，贵在调和。如选用苦降方药治疗胃热时，在方中酌加少量干姜、肉桂、吴茱萸之类，一则佐制苦寒药过于伤胃，二则有助于振奋中焦脾胃之气机。在运用辛热之方药治疗胃寒时，酌情配伍寒凉之品如黄芩、黄连、大黄、栀子等，剂量宜轻，佐制温热药过亢助火内生。因此，对于慢性胃炎不仅单纯寒证、热证，还是寒热互结，治疗时往往寒药、热药于一炉，意在佐制而调和，同时辛开苦降，调畅气机，助脾升胃降，开结除痞。

4. 补虚泻实，标本兼治，顾护胃气

慢性胃炎病程迁延，“久病多虚”，可表现为脾胃气虚，胃阴亏虚，脾胃虚寒。然而脾胃亏虚，运化失司，水湿停积，郁而化热，而致脾胃亏虚时可伴湿热壅盛；脾胃亏虚，水谷不化，可伴食积；慢性胃炎病程往往较长，脾胃亏虚，气虚则无力助血行是可伴瘀血，渐致血瘀胃络；同时气虚升举无力，可致气机郁滞；脾胃亏虚，气虚及阳，导致脾胃阳虚，阳虚又易招之寒邪外袭而直中。

可见，慢性胃炎往往虚实并见，主要表现为脾胃亏虚兼见湿热、寒滞、气郁、血瘀、食积等，因此在治疗过程中宜补虚泻实，标本兼治。一方面清热、除湿、散寒、理气、活血、化积等措施治其标，同时健脾益胃治其本，尤其注重培护胃气，如《素问·玉机真藏论》中说：“五脏者，皆禀气于胃；胃者，五脏之本也。”说明胃气之盛衰有无，关系到人体的健康状况和存亡。《景岳全书·杂症谟·脾胃》中也说：“凡欲察病者，必须先察胃气；凡欲治病者，必须常顾胃气。胃气无损，诸可无虑。”因此，始终顾胃气，步步顾胃气，在本病的治疗过程中具有重要意义。

5. 调摄生活，疗养结合，养重于治

导致慢性胃炎发生的一个重要原因就是生活方式的不健康，包括饮食失节，情志失调，生活起居无规律等因素。《素问·痹论》中说：“饮食自倍，肠胃乃伤。”《脾胃论·脾胃胜衰论》中也说：“夫饮食不节则胃病。”暴饮暴食，或饥饱失常，或过食辛甘厚味、酸甜苦辣，嗜烟贪酒，伤及脾胃，所以《素问·阴阳应象大论》中说：“水谷之寒热，感则害人六腑。”或精神紧张、情绪激动；或过分忧虑、情志抑郁，导致气机失调，木旺乘土；或生活起居无规律，劳累过度，作息无制，正如《素问·举痛论》中说：“劳则气耗。”正气亏虚，病情加重，或病邪趁虚而入，伤及脾胃。

因此，慢性胃炎的治疗应该注重疗养结合，养重于治，大力宣传“七分在养，三分在治”的治疗理念，引导患者改变不健康的生活方式。在饮食上要均衡营养，避免过食过热或过冷食物，宜清淡饮食，尤其倡导患者在治疗期间选用软食、易消化而富有营养食物，慎食辛甘厚味、酸甜苦辣和煎、炸、熏制等食品，建议患者定时定量，细嚼慢咽，戒烟戒酒，调养情志，放松焦虑紧张情绪。同时生活起居有规律，避免熬夜和过度劳累，尽可能做到《素问·上古天真论》中所说的“法于阴阳，和于术数，食饮有节，起居有常，不妄作劳”，才能“形与神俱，而尽终其天年，度百岁乃去”。养生如是，治疗亦然。

包剑锋

【杏林步履】包剑锋(1972—),男,浙江省宁波市人。杭州市第六人民医院主任中医师、浙江中医药大学兼职副教授。1992年考入浙江中医学院,1997年本科毕业后分配在杭州市第六人民医院肝病科工作至今,为浙江省中西医结合肝病重点学科、浙江省省市共建感染病重点学科骨干成员。2001—2007年就读浙江中医药大学硕士和博士研究生,先后获硕士和博士学位。2012年晋升为主任中医师。2011年遴选为杭州市名中医学术经验继承人,同年聘为浙江中医药大学硕士研究生指导老师。现任医院科教科副科长,兼任中华医学会亚健康分会委员、世界中医药联合会亚健康分会理事、浙江省中医药学会肝病专业委员会委员、浙江省中医药学会感染病分会委员、杭州市医学会肿瘤分会委员等。

【医学传承】2001—2004年在卢良威教授指导下,攻读硕士学位。2004—2007在徐珊教授指导下,攻读中医内科学专业博士学位。2011年作为杭州市名中医过建春教授的学术经验继承人,从事继承整理研究工作。三位学业和人生良师的指教,获益良多,影响至深。在浙江中医药大学及杭州市第六人民医院本科生、进修生及函授生中主讲"中医基础理论""传染病学"等课程。2011年受聘浙江中医药大学硕士研究生指导老师,开始招收硕士研究生。

【学术研究】从事传染病临床工作近20年,临床经验丰富,具有扎实基础理论和较强的科研能力。擅长慢性肝病、肝硬化、肝癌的防治,尤其对重型肝炎、肝硬化腹水、肝癌、胃癌及其他消化道疾病等应用中西医结合方法的诊治经验丰富。主持和参与国家自然科学基金项目及省市级科研课题10余项,发表专业论文20余篇,参编《古今中医消化病辨治精要》《肝病用药100问》《中医基础理论》专著3部,其中《慢性乙型肝炎中医辨治思考》获中医药学刊杂志社优秀论文一等奖。

中医药诊治慢性乙型肝炎具有明显的特色和优势,通过临床实践和实验研究,提出慢性乙型肝炎的中医药治疗策略。

慢性乙型肝炎是一种危害性极大的传染性疾病,在我国约有1.2亿人口为乙型肝炎病毒携带者,其中约10%发展为慢性肝炎,且乙型肝炎与肝硬化和肝癌有密切的关系。因此,慢性乙型肝炎的防治一直是医学界研究的重点和热点,试图寻求更有效的防治方法。从目前来看,无论从中医、西医的治疗方法和手段,疗效仍不甚满意,尽管中医药以其效果更佳、毒副作用较少、患者依从性较好等方面有一定优势，但仍不能很好地阻止本病向肝硬化的方向发展。所以对于慢性乙型肝炎的中医认识和治疗有必要进一步思考。

一、病机认识

中医没有慢性乙型肝炎的病名，但在“胁痛”“黄疸”“臌胀”等病证中有相似临床表现的记载。中医对黄疸的认识基本定位于湿，或从热化为湿热，或从寒化为寒湿。如《金匮要略》中说：“黄家所得，从湿得之。”《圣济总录·黄疸门》中也说：“大率因酒食过度，水谷相并，积于脾胃，复为风湿所搏，热气郁蒸，所以发为黄疸。”《类证治裁·黄疸》中说：“阴黄系脾脏寒湿不运，与胆液浸淫，外渍肌肉，则发为黄。”由于较多的古代医籍记载黄疸是外感湿热或寒湿，饮食所伤等原因导致脾胃受伤，湿浊内生，郁而化热，熏蒸肝胆，或脾胃虚寒，湿从寒化，寒湿阻滞中焦等。此观点对后世医者对慢性乙型肝炎的治疗产生很大影响，清热化湿或温化寒湿成为治疗本病的重要治法，这也是导致中医药治疗慢性乙型肝炎疗效不甚如意的原因之一。

1. 外感“疫毒”是发病的根本原因

慢性乙型肝炎患者临床可有乏力，全身不适，食欲减退，肝区不适或疼痛，腹胀，失眠，低热等表现，面色常常发黄或晦暗，角膜黄染，可有蜘蛛痣、肝掌、肝肿大，严重者腹水，下肢水肿等。具有传染性较强，大多患者的表现相似等特点，这与中医学中疫毒表现相近。《沈氏尊生书·黄疸》中说：“又有天行疫疠，以致发黄者，俗称之急黄。”可见当时已认识到急黄就是疫毒感染。但是，慢性乙型肝炎病毒可潜伏人体很长时间不发病，或表现轻微，表现为伏而后发、徐发等特点，这些表现又与疫毒发病急促的表现不尽相同。因此，慢性乙型肝炎外感的“疫毒”，不是感受普通的毒邪，更不是简单的“从湿得之”，是一种较为特殊的“疫毒”感染而致病。

2. 正气不足是发病基础

乙型肝炎病毒侵入人体后并不是马上就发病，很多患者可以很长时间没有临床表现。从中医理论上看人体感受病邪后，发病与否还与人体正气的强弱有关。《素问·评热病论》中说：“邪之所凑，其气必虚。”本病的正气亏虚主要与脾肾的亏虚有关，“肾为先天之本，脾为后天之本”，诸种原因导致先天不足，或后天失养，或二者兼而有之，致外邪易于侵入人体，邪伏于肝，导致肝脏功能失常而发病。从现代医学来看，乙型肝炎病毒侵入人体后，可发病，或成为病毒携带者，或通过自身免疫力来清除病毒而自行恢复，这与个人的免疫状态有关，也就是中医所说的正气。因此,机体正气的强弱决定了病邪是否容易侵袭,邪气侵入机体后是否发病和病情的轻重。

3. 湿热、虚实、瘀滞相互夹杂共同为病

慢性乙型肝炎临床病理变化除“疫毒”外,可表现为湿热、虚实(正虚、邪实)和瘀滞。外邪(疫毒)侵肝,脾肾素虚,正气亏虚,祛邪不尽,肝失疏泄,“木不疏土”,脾失健运,聚湿化热,而致湿热为患。由此可见,慢性乙型肝炎的肝胆湿热,主要来自内生湿热,影响肝之疏泄,致胆液不循常道,渗入血液,而致皮肤发黄,外感湿热的可能性较小。关于虚,一方面由于素体亏虚,另一方面,由于病邪久羁不去,耗伤正气,“久病多虚”。关于瘀,疫毒阻滞,或正气亏虚,无力助气血运行,“久病多瘀”。“瘀血不去,新血不生”,瘀血又导致气血的亏虚,形成恶性循环。正是由于这些病理变化相互促进、相互影响,导致肝细胞、肝功能进一步损害,从而使本病的治疗更加复杂和困难。

二、辨证论治

有报道从中医证型与实验室指标相互关系的角度出发将慢性乙型肝炎分为肝胆湿热、肝郁脾虚、肝肾阴虚、脾肾阳虚和瘀血阻络等5个证型,这种分型基本代表了目前治疗慢性乙型肝炎中医分型辨证治疗的方法。中医辨证治疗是中医治疗疾病的特色和优势,也是中医界常常津津乐道的,但在治疗慢性乙型肝炎时和现代医学一样似乎同样面临疗效不甚如意的问题。所以我们应该对目前中医治疗本病的研究方法和治疗方法进行多层次多角度的思考。

1. 抗“疫毒”

现代医学认为慢性乙型肝炎是HBV感染后主要通过机体对病毒的免疫应答而导致肝细胞的损害。由此可以看出,本病的根本原因是由于乙型肝炎病毒的感染,然后机体的免疫应答而导致发病,所以西医治疗侧重于抗病毒,调节免疫,其次护肝。如果中医学把慢性乙型肝炎的病因定位于“疫毒”的感染,其见证的根本原因是“疫毒”伏于肝,那么治疗的重点也应抗“疫毒”,因为邪去方能正安,那么研究的方向也应是寻求抑制这种“疫毒”有效的中药(或有效成分)或复方。目前中医治疗乙型肝炎疗效不如意可能就是没有寻求到较为理想的中药或方剂抗此“疫毒”。因此,尽管辨证准确,疗效仍不能有什么根本性突破,正如吴又可在《瘟疫论》中所说:“邪不去则病不愈。”

多年来中医界在寻求具有抗乙型肝炎病毒的中药或复方上已作过大量的工作,通过药理实验来筛选有抗乙型肝炎病毒作用的药物。如清除乙型肝炎病毒的中药有金丝草、白花蛇舌草、虎杖、重楼、半枝莲、山豆根、仙鹤草、夏枯草、叶下珠、土茯苓、土茵陈、板蓝根等。中成药有乙肝解毒胶囊、乙肝宁冲剂、复方树舌片等。尤其对于“无证可辨”，无临床表现的乙型肝炎病毒携带者，可用这些中药或方剂治疗。这方面的研究工作为中医药治疗慢性乙型肝炎做出了贡献，但至今仍没有发现对乙型肝炎病毒的杀灭有特别疗效的药物和复方。因此，这方面的研究工作将是中医药治疗慢性乙型肝炎研究的主攻方向和重中之重。

2. 补正气

《素问·遗篇·刺法论》中说：“正气存内，邪不可干。”指明正气的强弱是感邪后是否发病的重要因素，因此补虚是本病治疗过程中的又一重要环节，“正胜方能邪退”。慢性乙型肝炎的扶正主要是调节肝、脾、肾的功能。肝之本脏的治疗可采用治肝八法：疏肝、清肝、泻肝、平肝、镇肝、养肝、柔肝、温肝。调脾则健脾、温脾、补脾；治肾则滋肾、温肾等，辨证权宜而治。另外，人体是一个有机的整体，注重五脏之间、脏腑之间及腑腑之间的功能调节，做到未病先防、既病防变。如《难经·七十七难》中说：“所谓治未病，见肝之病，则知肝当传之于脾，故先实其脾，无令得受肝之邪，故曰治未病焉。”通过这些措施补正气，达到调节免疫的作用。关于此方面的研究，也有部分成果，如增强免疫的中药有太子参、淫羊藿，黄精、巴戟天、菟丝子、肉苁蓉。除此之外还有灵芝、黄芪、党参、枸杞、仙灵脾等增强免疫功能；而抑制免疫作用的中药有甘草甜素、生地、威灵仙；抑制免疫复合物的中药有赤芍、生地、丹皮、僵蚕。在辨治本病时随证选用这些中药或复方对改善肝功能，提高疗效会有帮助。

3. 辨证论治湿热、虚实、瘀滞

慢性乙型肝炎患者“疫毒”之邪侵入机体导致脏腑功能的失调产生湿热、虚实、瘀滞等病理变化。因此，这些兼证的治疗不容忽视。黄疸的治疗原则为化湿邪利小便。因本病是外感“疫毒”之邪，易挟湿热，早期宜清热化湿解毒。随着病程迁延，正气愈虚，湿邪寒化，治宜温化寒湿。疾病早期病理属性以实为主，治宜攻邪重于补虚，或单用攻邪。中期往往正虚邪实，治宜攻补兼施。后期以正虚为主，治宜补虚重于攻邪，当机体不耐受攻邪时，单用补虚。慢性乙型肝炎病程绵长，“久病多瘀”，渐至肝纤维化。因此，活血化瘀药的运用对于本病的治疗非常重要，治疗时可选用丹参、红花、桃仁、鳖甲、当归、冬虫夏草、川芎、莪术、防己等，中成药有大黄䗪虫丸、复方鳖甲软肝片等。

清热利湿、补虚泻实、活血化瘀的运用能利胆退黄、保肝降酶、防治肝纤维化、保护肝功能、改善症状。关于这方面曾做过大量的研究工作，如具有利胆退黄的中药有柴胡、茵陈、栀子、溪黄草、鸡骨草、黄芩、大黄、赤芍、郁金、金钱草、龙胆草等;中成药有鸡骨草丸、溪黄草冲剂、龙胆泻肝口服液、清开灵注射液或口服液等。可降低转氨酶的中药有五味子、垂盆草、败酱草、田基黄、蒲公英、葛根、猪苓、女贞子等;中成药有联苯双酯滴丸、垂盆草冲剂、健肝灵等。肝功异常表现的蛋白代谢紊乱,可选用当归、生地黄、黄芪、白术、大枣、刺五加、阿胶、炮穿山甲、黄精、枸杞等;中成药有复方阿胶浆、归脾丸等。

总之,慢性乙型肝炎由于外感"疫毒",正气不足,"疫毒"伏于肝,缠绵不去,导致肝脏乃至全身脏腑的功能失调。治疗当以祛除"疫毒"即慢性乙型肝炎病毒为首务,否则"邪不去则病不愈"。对于由"疫毒"感染导致临床见证的辨证治疗,能改善症状,修复肝功能,减缓病情,但对乙型肝炎病毒的杀灭,疗效不佳,这也是导致中医不能根治本病的关键障碍。因此本病的研究方向应该是筛选有直接杀灭乙型肝炎病毒的中药(或有效成分)或复方,才能彻底解决治疗慢性乙型肝炎的难题。

周　敏

【杏林步履】周敏(1973—　),女,湖南省常德市人。浙江省中西医结合医院副主任中医师。1992 年考入湖南中医学院中医临床专业,1999 年及 2004 年考入浙江中医药大学就读硕士和博士研究生,先后获硕士和博士学位。2007 年博士毕业后在浙江省中西医结合医院结核科及结核 ICU 工作至今,2011 年晋升为副主任中医师。

【医学传承】1999—2002 年在浙江中医药大学柴可夫教授指导下攻读中医临床基础专业硕士学位。2004—2007 年在徐珊教授指导下攻读中医内科学专业博士学位。徐老师在临床实践中既尊崇经典,又灵活变通,既发挥中医辨证论治优势又结合现代科学,对临床工作思路有重要指导作用。

【学术研究】从事中医药诊治结核病的基础与临床研究,主持市级和厅局级科研课题 2 项,发表学术论文 6 篇,擅长内科常见病、多发病及疑难杂症,特别是中医药诊治肺结核、淋巴结结核等结核病及抗结核治疗过程中出现的各种毒副反应尤其是胃肠道副反应方面有较丰富的经验。

肺结核属中医“肺痨”的范畴,是以咳嗽、咯血、潮热、盗汗等为主要临床表现的慢性消耗性疾病。病变主脏在肺,日久可以进一步影响到其他脏器,其中与脾肾两脏的关系最为密切,病性“主乎阴虚”。肺司治节之令,秉清肃之化,外可输精于皮毛,内可通调乎三焦,肺气虚薄而无以有效地输精于卫外,外卫弱难以御邪,动辄受损。初起肺体受损,肺阴受耗,表现为肺阴亏损之候,继则肺肾同病,兼及心肝,而致阴虚火旺,或因肺脾同病,导致气阴两伤,后期肺脾肾三脏虚亏。

由此可见,肺痨的产生不仅是“瘵虫”的感染,而是“瘵虫”与人体“气血虚弱”两种原因相互作用的结果,全身“气血虚弱”是发病的基础。同时,抗结核药物的毒副反应比较常见,容易引起胃肠道不良反应,以及肝、肾功能的损害,各种毒副反应常导致患者不能坚持服药,久之,则引起患者体质更加虚弱,抵抗力更加低下,这对患者的康复、治愈产生了严重的影响,成为久治不愈的重要原因之一。中医药诊治抗结核西药胃肠道副反应具有明显的特色和优势。

肺结核患者化疗后一般 2—20 天出现胃肠道毒副反应,肺痨病是因气血虚弱,痨虫入侵引起发病,由于西药抗痨杀菌,攻伐峻猛,原本虚弱之体,更易损伤脾胃,脾胃升降功能失调而出现胃肠反应为主的临床表现。临床辨证常见胃阴虚证，患者脾胃虚弱，不能运化水湿，导致痰湿内生；运化功能失常，气机升降失司，常表现胃肠动力不足；以及肺痨属慢性疾病，必久病致瘀。因此，临床辨证常以胃阴虚证为本，夹痰、夹湿、夹瘀或胃肠气机不畅为标。抗结核药物联用引起消化道反应，轻者出现食欲减退、恶心纳差、脘腹胀痛，重者剧烈呕吐、难以进食、腹痛腹泻、舌苔少或光剥、脉细等胃阴虚之症，胃阴虚是抗结核药物引起胃肠道反应的根本原因。脾胃主受纳运化，乃人体后天之本，气血生化之源，如能完成水谷的消化、吸收与输布，患者机体就能得到充足养分抵抗药物毒素对机体正常细胞的损害，顺利完成治疗。临床常以益胃养阴法为主而取效。益胃养阴为治疗胃阴虚之正法，然临床上往往收效甚微。观察发现，主要有三个方面的问题要注意：其一，滋阴时勿忘运脾与通降并举，益胃养阴方偏滋阴，故在临证时每每加入谷芽、麦芽、白术、苏梗之类以通畅气机，助其运化；若嗳气、呕呃明显者则加姜半夏、姜竹茹、绿萼梅、苏叶、九香虫、旋覆花、沉香曲等以疏肝理气，降逆和胃，用之每每能避免一味养阴而有碍脾运之弊。其二，若其舌质光而口尚润，欲得温饮，这是阴伤而阳气亦虚，此时则重在益胃养阴的基础上佐以党参、苏梗、吴茱萸、黄芪、怀山药之类以达气阴双补。其三，若舌面光而质稍暗或紫，润而有涎者，此时已不仅是阴虚，而是夹有痰湿，若一味养阴反增其病，而宜酌加健脾燥湿化饮之品，可佐以二陈汤或参苓白术散之类。

郭绮妮

【杏林步履】郭绮妮(1957—)女，广东省潮洲汕头市人。香港注册中医师。1979—1997年在裕记中药行执业工作，负责中医中药部分，1997年至今为明智堂全科中医药诊所东主及执业中医师。1993—2001年就读香港大学专业进修学院中医全科文凭、骨伤学文凭和针灸学文凭等学科，2001年获香港大学专业进修学院颁发的终生学习杰出学员奖。1999—2002年就读香港大学首届中医学(针灸学)专业硕士研究生，2004—2008年在浙江中医药大学攻读中医内科学专业博士学位。2006年通过国家人事部中国人才研究会考试，获高级营养师；2003年被香港中医药管理委员会中医组委任为中医注册审核主考人员和中医注册审核结果复核人员。2004—2006年任香港中医药科技学院副教授，2006—2009年任客座教授。现任香港中医药科技学院院长，兼任香港大学中医药学院校友会会长、上海市针灸学会会员、港九中医师公会会员、香港大学专业进修学院同学会会员、侨港中医师公会会员、香港注册中医学会会员。

郭绮妮(前中)与徐教授一家在香港机场

(左后为黄基恩博士)

【医学传承】1998—2001 年师承香港名老中医黄雅各教授，黄教授毕业于上海中医药大学，从事医疗教学近 50 载，获生福利及食物局局长委任为中医组主席近 10 年，被多个中医药团体委任为名誉顾问。黄教授医术精湛，经验丰富，临证涉及内妇儿科，擅长癌症等疑难杂症，治愈病人无数。2004—2008 年在导师徐珊教授指导下，攻读中医内科学专业博士学位。徐教授从医 40 年，擅长内科常见病、多发病及疑难杂症，特别是中医药诊治急慢性肠胃病、肝、胆、胰等消化系统疾病有独到之处。在两位良师指教下，以及就读硕士研究生期间随上海中医药大学的施杞教授、石印玉教授、陈汉平教授、严振国教授、曹小定教授等和香港黄雅各教授、李磊教授等学习，无论在内、妇、儿、脾胃、肝、胆、胰等消化系统疾病，还是癌症、疑难杂症等方面有至深影响，获益良多。曾被香港中医药管理委员会中医组委任为中医注册审核主考人员和中医注册审核结果复核人员。2004—2009 年在香港中医药科技学院教学 5 年。

【学术研究】从医约 30 年，擅长内科、妇科常见病、多发病及疑难杂症，特别是中医药诊治肠胃、肝、胆、胰等消化系统疾病，以及亚健康的综合调理，有独特的见解，并从事针灸学、中医药诊治疾病的基础与临床研究。发表和出版《〈扁鹊心书〉的研究》《艾灸发展史略》《治肝八法之疏肝法、柔肝法、镇肝法、平肝法治疗脂肪肝的研究》《治肝八法之疏肝法、柔肝法、镇肝法、平肝法治疗肝病的研究》，以及《〈扁鹊心书〉校勘》等学术论文和译著 8 篇(部)。博士学位论文的研究课题是“治肝八法之疏肝法、柔肝法、镇肝法、平肝法治疗肝病的研究”，对清代医家王旭高治肝八法之疏肝法、柔肝法、镇肝法、平肝法进行系统的研究，全文分列肝病定义、治法阐释、四法本义、实验研究、临床运用、医案综论和四法评述等作了较为详尽的阐述与分析。

一、肝病定义阐述

肝脏具有分泌胆汁、储存糖原及生物转化等重要功能，肝在机体中的作用远远超越消化腺的范畴。肝与胆经脉相互络属，故有表里之称。肝主疏泄，喜条达而恶抑郁，凡精神情志之调节功能均与肝密切相关。肝主藏血，有贮藏和调节血量的作用；肝主筋，司全身筋骨关节之屈伸；肝开窍于目，目受血滋养而视明。肝的病证，有虚实之别。血亏及阴伤多属虚证，实证多见气郁火盛以及寒邪、热邪等侵犯。中医肝病是指肝(包括胆)的生理功能失调及肝胆经络病理变化所表现出一切病证的总称。

中医古医籍文献中未见有“肝病”之名，结合其病因、病机及临床表现，多见于“癥瘕”“肥气”“胁痛”“黄疸”“鼓胀”“肝积”“肝癖”等病证的范畴。

二、古今名家治肝法

1.《黄帝内经》治肝三法

甘缓、辛散、酸收。

2.《伤寒论》治肝八法

和解少阳、疏肝解郁、祛寒暖肝、清热凉肝、温凉治肝、散寒燥湿、清热利湿、养血通络。

3.《金匮要略》治肝七法

疏肝、清肝、镇肝、温肝、化肝瘀、缓肝、补肝等七法。

4.《续名医类案》四种因素立法

肝火与头晕、肝火与痰、肝火与呕吐、肝阴亏损论治。

5.《医学衷中参西录》治肝八法

即温补肝气、酸敛补肝、平肝、散肝、化肝、柔肝、镇肝、敛肝等法。

6. 南京名老中医邹良材的治肝八法(四类八法)

肝气治法有：疏肝法、柔肝法；肝火治法有：清肝法、泻肝法；肝风治法有：镇肝法、平肝法；其他治法有：补脾抑肝、清肺制肝法。

7. 清代名医王旭高的治肝三十法

《西溪书屋夜话录》论述肝病最为详尽，把肝病分为肝气、肝风、肝火、肝虚四大类三十法。

(1) 肝气类：疏肝理气法、疏肝通络法、柔肝法、缓肝法、培土泄木法、泄肝和胃法、泄肝法、抑肝法。

(2) 肝火类：清肝法、泻肝法、清金制木法、泻子法(泻心火法)、补母法(益肾水法)、化肝法。

(3) 肝风类：熄风和阳法(又称凉肝法)、熄风潜阳法(又称滋肝法)、培土宁风法、养肝法、暖土御风寒法、搜肝法(又称搜风法)。

(4) 肝虚类：温肝法、补肝法、补肝阴法、补肝阳法、补肝血法、补肝气法、镇肝法、敛肝法、平肝法、散肝法。肝虚类十法中，实际与“肝气”“肝火”“ 肝风”三类治法有联系，临床不可截然分开，是王氏除上述三类外，另具十法。

《西溪书屋夜话录》治肝三十法可总结归纳成四类八法，分别是：① 肝气类：疏肝法、柔肝法；② 肝火类：清肝法、泻肝法；③ 肝风类：镇肝法、平肝法；④ 肝虚类：养肝法、温肝法。从古今文献探讨其论治肝病的学术渊源、病因病机、辨证特点、治法方药、治疗经验，以及对后世医家的影响。

总括药物，其药理和功效依次大致有：疏肝、理气健脾、祛湿化痰、活血祛瘀通络、软坚散结、调补肝肾、平肝熄风、镇肝开窍等作用。疏肝、理气健脾法最常用，与《西溪书屋夜话录》书中记载的第一法就是疏肝法相同，“如肝气自郁于本经……者，宜疏肝”。王氏认为在肝气初期，自郁于本经，由于病起于郁，郁则气滞，故初期宜用疏肝理气法。云：“香附、郁金、苏梗、青皮、橘叶之属，兼寒加吴萸；兼热加丹皮、山栀；兼痰加半夏、茯苓。”但在文献检索中，疏肝药物应用柴胡最多。香附、郁金、苏梗、青皮、橘叶之属次于柴胡。王氏在疏肝法中不用被誉为疏肝圣药的柴胡，可能受温病学者，特别是叶天士的影响。叶氏一生忌用柴胡，他在《三时伏气外感篇》和《幼科要略》（疟门）均提及“柴胡劫肝阴”之论点，亦弃而不用柴胡，在《西溪书屋夜话录》全书中无应用柴胡的记载。

三、研究结果

治肝八法之疏肝法、柔肝法、镇肝法、平肝法治疗肝病，药物按药理和功效总括有：疏肝、理气健脾、祛湿化痰、活血祛瘀通络、软坚散结、调补肝肾、平肝熄风、镇肝开窍等作用。临床治法以疏肝健脾、疏肝理气、疏肝通络、柔肝健脾、柔肝养阴、柔肝软坚、平肝健脾、平肝养阴、镇肝熄风、化痰降逆为主。方剂以柴胡疏肝散、四逆散、小柴胡汤、逍遥散、一贯煎加减组成。疏肝药物应用最多是柴胡，其次是丹参；柔肝法用白芍；平肝法用川楝子；镇肝法用重镇药物为主。

黄基恩

【杏林步履】黄基恩(1970—),男,广东省广州市番禺区人。香港中医针灸研究院注册中医师,客座教授。1992年毕业于台湾台北医学院。1992年开始随父习医,1993—1998年在香港大学专业进修学院修读中医药及针灸学;1999年首届入读香港大学中医药学院硕士研究生,2002年毕业获硕士学位;2004年入读浙江中医药大学中医内科学专业博士研究生,2007年毕业获博士学位。

【医学传承】1992年至今师承其父香港大学教授黄雅各,黄雅各教授毕业于上海中医学院,行医50余载,医术精湛,经验丰富,临证涉及内外妇儿和针灸,并专于多种癌症治疗。1999—2002年在导师李磊教授指导下攻读硕士学位,2004—2007年在导师徐珊教授指导下攻读中医内科学专业博士学位。在良师的指教下,获益良多,影响至深。

黄基恩(左)与徐教授在杭州
(右为郭绮妮博士)

【学术研究】从事中医药诊治肝病的基础与临床研究,关于肝病的治法,历代医家的论述繁多,但是一直到清代对肝病治法才有了比较丰富的内容。

一、治肝八法之出处

清代王旭高在其所著《西溪书屋夜话录》中的《肝病证治》篇载治肝三十法，对肝病证治的阐述颇为详尽。然肝病虽多，王氏以肝气、肝风、肝火、肝虚四大类型为纲，辨证施治，概论“肝气证治”“肝风证治”“肝火证治”及“肝寒肝虚等证治”，现将其归纳为四类八法，并以其中清肝法、泻肝法（肝火证治）、养肝法、温肝法（肝寒肝虚证治）作论述。

二、清肝法、泻肝法、养肝法、温肝法的阐释

1. 清肝法

热邪入里，客于肝经或肝气郁而化热，肝火燔灼，上逆为患。清肝者，清解肝热也。凡肝火为病之在上、在外者，宜用清肝法。常用药为羚羊角、丹皮、栀子、黄芩、连翘、夏枯草、竹茹等。清肝法包括清肝泻火法、解郁清肝法、利湿清肝法、清肝利胆法、清肝熄风法、清肝泻肺法、清肝泻心法、清肝和胃法、清肝化痰法、清肝固经法、扶正清肝法等。

2. 泻肝法

又称为清肝泻火法。凡因肝阳亢盛，或情志抑郁，或暴怒伤肝，或阴不敛阳等，致肝热内生，甚或生热化火，热郁经脉。凡肝火之在下、在内者，宜用泻肝法，当用苦寒以直折其势。常用药为龙胆草、芦荟、大黄等。常用方为龙胆泻肝汤、泻青丸、当归龙荟丸之类。泻肝法包括泻肝补脾法、解郁泻肝法、泻肝清热法、泻火清肝法、泻肝止血法、泻肝通腑法等。

3. 养肝法

是治疗肝虚证的一种方法。肝虚证包括肝血虚、肝气虚、肝阳虚、肝阴虚四种。肝气、肝阳是肝脏升发和条畅的一种功能，称为“肝用”。“肝用”不足，就会出现头痛麻木、四肢不温、忧郁、懈怠等一系列症状，谓之肝气虚、肝阳虚。肝血、肝阴是滋养和充涵肝脏的一种物质，称为“肝体”。肝血虚可见头目眩晕，形体消瘦；肝阴虚可见头目眩晕，久视昏暗，潮热盗汗，神疲瘦疲。养肝阴用生地黄、白芍、乌梅、黄精、首乌、山茱萸、木瓜、五味子、枸杞子等。养肝血用当归、川芎、续断、牛膝、酸枣仁、阿胶等。补肝阳用肉桂、川椒、肉苁蓉等。补肝气用天麻、白术、菊花、生姜、细辛、杜仲、羊肝等。养肝法包括养肝润肺法、养肝宁心法、养肝扶脾法、养肝益肾法、养肝止血法、养肝调经法、养肝强筋法、养肝泻热法等。

4. 温肝法

阳气升发，为肝之用，若肝阳不足，则气的升发就显不足。《圣惠方》所谓“肝虚则生寒”，是因虚致寒，多因肝脏本身气虚或阳虚所致，应本着“寒者温之”的原则，治以温肝、暖肝之法。其常用药为肉桂、吴茱萸、蜀椒、沉香、乌药、附子等。常用方有当归四逆汤、吴茱萸汤、暖肝煎等。温肝法包括温肝益肺法、温肝扶脾法、温肝益肾法、温肝利水法、温肝暖宫法等。

三、心得

关于清肝、泻肝、养肝、温肝治疗，临床运用以八纲辨证为本。首先辨虚实，实证当以泻法，即泻肝法；虚证当以补虚养益之法，即养肝法。然后辨寒热，热证当以清泻法，即清肝泻火法；寒证当以温化之法，即温肝法。病证之深浅宜辨表里，肝脏肝经之辨表里，乃属半表半里证，当以和解表里为法。最终不离辨别阴证与阳证。

众多文献实例提示阴阳学说对立之两方面，治肝亦有其对立之两面，清肝法之对立面为温肝法，泻法肝之对立面为养肝法。然而，临床运用过程，又体现了互相之间不可分离的互根关系。阴阳虽然对立，却又是不可分离的，即互相资生，所谓互根也，故古人谓“肝脏体阴而用阳”，构成了阴阳互根的关系。

肝之阴即肝阴或肝血，肝脏需濡养，即养肝阴、养肝血；肝脏宜柔不宜刚，治疗宜柔肝阴、敛肝阴。肝之阳即肝阳或肝气，气的生理功能呈现为升降出入，肝阳、肝气宜持续不断地升降出入，不能停滞，肝气停滞导致肝气郁结，日久郁而化热化火，形成肝火，治以清肝法。若肝阳肝气升降出入失控，上盛亢进形成肝阳上亢，甚则肝阳亢盛化风，即形成肝风内动之证候，治以泻肝法。

临床上清肝热或泻肝火之法，治疗肝火或肝阳亢盛之证候，要顾及肝阴之本质，只有在肝阴不足的情况下，肝气才会化火，肝阳才会上亢化风。所以，清肝法、泻肝法离不开养肝法，亦即构成肝脏体阴用阳、阴阳互根的哲理。

至于肝寒证，采用温肝法治疗，系“寒者温之”大法之一。关于肝寒证的形成，可能为清肝、泻肝太过，或过服生冷，或过服寒凉之清肝泻肝等品，而导致肝寒；亦可能为劳损、劳累、房劳等劳损伤阳，导致肾精不足或亏虚。肾为肝之母，肾精不足引致肝肾亏虚，“阳虚生内寒”，“肝虚则生寒”，最后导致肝寒之证候。所以，肝寒肝火与肝阴肝阳之间构成相互联系与平衡的关系。此可谓阴阳五行、藏象、经络学说之博大精深也。

张永生

【杏林步履】张永生(1971—),男,浙江省浦江县人。浙江中医药大学副研究员,硕士研究生指导老师,执业中医师。1990 年考入浙江中医学院针灸推拿系推拿专业学习,1993 年毕业后就职于浙江省人民政府办公厅莫干山管理局医务室,从事门诊医疗工作。1998 年考入浙江中医学院硕士研究生,2001 年 7 月毕业获硕士学位,留校任职于科研处。2005 年考入浙江中医药大学博士研究生,2008 年获博士学位。2008 年 11 月晋升副研究员。2005 年入选浙江省委组织部、浙江省人力资源和社会保障厅等部局设立的“浙江省新世纪学术和技术带头人培养规划第三层次培养人员”,2010 年培养期满,经考核合格。2011 年遴选为硕士研究生指导老师。先后担任浙江中医药大学科研处成果科科长、药学院副院长,兼任浙江省中医药学会脾胃病专业委员会委员、秘书,第一届青年委员会副主任委员。

【医学传承】1998—2001 年在浙江中医药大学卢良威教授指导下攻读中医基础理论专业硕士学位。卢良威教授是肝胆病名家,治疗肝胆病经验丰富,疗效显著。2005—2008 年在徐珊教授指导下攻读中医内科学专业博士学位,连续 5 年坚持每周随师门诊,在中医临床诊疗学习中受益良多。现为硕士研究生指导老师。

【学术研究】从事中医药防治消化系统疾病的基础及临床研究。主持和参加省部级以上科研课题 10 余项,参与完成的科研成果“肠易激综合征兔模型的建立及其乐胃饮的干预”“活血渗湿方抗肝纤维化实验研究”分获浙江省科学技术二等和三等奖。发表学术论文 20 余篇。从医 10 余年,擅长治疗消化系统常见疾病,特别是肝胆类疾病,如慢性乙型肝炎、酒精性肝病、脂肪肝、肝纤维化、肝硬化等,临床论治颇有独到见解。中医药诊治肝纤维化的临床经验积累,结合浙江省自然科学基金项目“活血渗湿方抗肝纤维化实验研究”和浙江省中医药科研基金项目“三七总苷抗肝纤维化实验研究”等课题研究所取得的成果,在研习了《黄帝内经》等文献对积证论述的基础上,开展了“肝纤维化-微癥积”的课题研究。

肝纤维化属于中医学“积证”“黄疸”“积聚”等病证的范畴。肝纤维化是各种慢性肝病向肝硬化发展的必经阶段,如何延缓肝纤维化的进程关系到如何有效地防治肝硬化,从而提高慢性肝病患者的生活质量。在我国,病毒性肝炎、血吸虫病及酒精性肝病属于慢性肝病的三大主要病因,而以慢性乙型肝炎尤为突出。慢性乙型肝炎中的 10% 患者将在 10—15 年左右转变成为肝硬化,甚至肝癌。目前比较能够接受的观点认为，肝纤维化阶段能够在有效治疗手段干预下发生逆转，治疗肝纤维化已经成为近年来这一领域持续研究的热点。正如肝脏病理学泰斗 Hans Popper 指出的："谁能阻止或延缓肝纤维的发生，谁就将治愈大多数慢性肝病。"

"肝纤维化"一般归属于中医"积证"进行临床诊治。卢良威教授和徐珊教授运用"肝脾传变"理论进行肝纤维化辨证论治，临床疗效确切。大量的慢性肝病患者由于患病迁延日久，往往从早期的"邪正相当"慢性发展成为"正虚邪恋"的病理特点，治疗过程中可以采用疏肝、健脾、化湿、行瘀等方法，可起到较为肯定的临床疗效。

慢性肝病后期发展在临床上可以表现较为典型的肝硬化特征，临床诊断不难。但肝纤维化阶段或未达到特征性肝纤维化改变的众多患者，缺乏典型的癥积临床表现，往往"有病可诊，无证可辨"，给临床诊治带来难度。在卢良威教授和徐珊教授指导下，综合实验研究及临床观察所见，肝纤维化虽与中医学所记载的"癥积"有着因果联系，但两者要在确切的证据上划上等号，尚缺少切入点，研习中医学对"积证"的诸多论述，提出了"肝纤维化-微癥积"的研究假说。

从中医学对癥积的相关文献中，可以发现"癥积"首见于《灵枢·五变》篇，其云："人之善病肠中积聚者……皮肤薄而不泽，肉不坚而淖泽。如此则肠胃恶，恶则邪气留止，积聚乃伤。"《内经》还有"伏梁""息贲""肥气""奔豚"等病名，皆属积聚范畴。结合病理学观察，可以发现所有针对"积证"的论述与现代医学所描述的各种原因引起的肝脾肿大、腹腔及盆腔肿瘤等关系甚为密切，类似的疾病也自然归属于"积证"范畴。但是对肝硬化前期，也就是临床上尚未见到肉眼所见的有形之积的"肝纤维化"阶段，如何进行辨证及治疗仍是一个关键，对其疗效进行客观评价也是一个关键环节，所以有必要引进客观的理化指标来评价。

从中医学的理论来考察肝纤维化，很容易与现代医学形成一定的共鸣，如与纤维结缔组织增生有关的疾病，大多具有中医学的"瘀血""癥积"的特征，可见于"胁痛""积聚""鼓胀""黄疸"等病证中。清代喻嘉言在《医门法律》中论述："不病之人，凡有癥瘕积块、痞块，即是胀病之根。日积月累，腹大如箕，腹大如瓮，是名单腹胀。"很显然，这里所说的"不病之人"，一旦有了慢性肝病的"胀病之根"，则经过长时间的演变，经过"肝纤维化"阶段则会出现肝硬化的典型临床特征。可见中医学对"肝纤维化"的相关临床表现已经在历代的文献中有了较为详细的记载。

现代技术已经能够将微观视野获得的相应病理学、分子生物学、血清学等检测及观察指标作为中医微观辨证的工具，微观所见，实为微观视野下的"微型癥积"。利用对"微癥积"的相关指标评价，可以指导肝纤维化前期临床诊治并做出客观评判。肝脏轻度的纤维化改变可以称之为肝脏的"微癥积"。各种病因造成的慢性肝病经历"微癥积→纤维化→癥积"等三个大致的疾病发展过程。有研究证明，肝纤维化的早期能够在相应的治疗手段作用下完成组织学的逆转，但是一旦到了肝硬化(癥积)阶段，则难以得到改善。显然，早期进行干预，也就是在早期肝纤维化(微癥积)阶段进行治疗能够取得较为理想的治疗效果。利用此观点，结合肝纤维化疾病的临床特点，临床上早期进行积极治疗非常有必要，这也是对慢性肝病积极治疗的理论支持。

肝纤维化的治疗：① 重在祛除病因。祛除慢性肝病的病因，并进行相应治疗，是治疗慢性肝病的关键手段。② 顾护后天脾胃。结合积证的基本病理改变，在顾护中焦脾胃基础上进行遣方用药尤其重要。③ 分期辨证施治。肝纤维化的发生发展是一个长期的过程，在不同的时期，有不同的病机特点，治疗方法也应有不同，总体来说，分期辨证施治仍是保证临床疗效的基础。④ 治未病消癥积。肝纤维化轻证当属"微癥积"阶段，"微癥积→肝纤维化→癥积"是一个长期的病变过程，早期用病理学观察等方法所获取的肝脏假小叶等病理学改变是肝脏组织上有形的"微癥积"，是形成肝纤维化的物质基础。针对早期有形的"微癥积"及早进行干预，能够在肝脏尚未发展成为肝纤维化甚至积证阶段截断慢性化进程，是中医治未病思路在慢性肝病辨证施治上的集中体现，同时也是评价治疗预后的一个有效手段。

肝纤维化-微癥积分期病机分析和治则治法选用表

阶　段	早期肝纤维化	中度纤维化	肝硬化
病理改变	细胞外基质沉积	纤维化特征性改变	大量假小叶形成
	(微癥积)	⟶	(癥积)
中医病机	肝气不舒	气郁血滞而血行不畅	痰瘀交阻
	无形之聚	⟶	有形之积
中医治则	初　期	中　期	末　期
	病邪初起，正气尚强，邪气尚浅，则任受攻	受渐久，邪气深，正气较弱，任受且攻且补	病魔经久，邪气侵凌，正气消残，则任受补
中医治法	健脾、疏肝、理气、渗湿、活血、化瘀		
	疏肝理气	行气化滞	活血渗湿化瘀

赵育芳

【杏林步履】赵育芳(1977—)，女，山西省晋城市阳城县人。厦门大学助理教授。1993年考入山西中医学院开始学习中医，1998年毕业后在山西省晋城市阳城县人民医院任中医师。1999年考入浙江中医学院攻读硕士学位，2002年毕业后进入厦门大学海外教育学院中医系任教。2004年随中医系并入厦门大学医学院，主要从事中医教学、临床、科研工作和中医对外交流工作。2005—2008年期间在浙江中医药大学攻读中医内科学专业博士学位。

【医学传承】1999—2002年在第四批全国老中医药专家学术经验继承工作指导老师俞景茂教授指导下，攻读中医儿科学专业硕士学位，俞景茂教授师承全国著名儿科专家王伯岳，从事临床、教学、科研工作50余年，对小儿反复呼吸道感染、哮喘、遗尿、多动症及儿科各家学说有深入研究。2005—2008年在第四批全国老中医药专家学术经验继承工作指导老师徐珊教授指导下，攻读中医内科学专业博士学位。徐珊教授从事中医药诊治消化系统疾病的基础与临床研究，对脾胃升降理论及其与胃肠动力障碍性疾病的关系有深入研究。两位导师学验俱丰，医术精湛，医德高尚，是为楷模。2002年起任教于厦门大学，作为英语教学骨干，教授及临床指导的海外学生有一部分已成为其所在国家和地区的名中医，为中医在全世界的推广和传播作出了一定的贡献。

【学术研究】从事中医药诊治儿科呼吸系统疾病及内科消化系统疾病的基础与临床研究。主持和参与国家级、省部级、厅局级等科研课题7项，发表学术论文16篇，出版著作与译著2部。习医近20年，专于诊治儿科常见病、多发病以及内科肺系、脾系病证，临证尤其擅长运用中医药调治儿科咳嗽、哮喘、反复呼吸道感染、厌食、腹泻、便秘和内科慢性胃炎、慢性结肠炎、消化不良、反流性食管炎等病证以及人体亚健康状态。从教10年，致力于中医药对外交流和教育工作，擅长中医双语教学，多次赴境外大学讲学，开设中医课程。

临证学习，继承两位老师的经验，用之于实践，并不断摸索总结，在治疗小儿常见病、内科脾胃病方面逐步形成自己的经验和方法。

小儿处于饮食转换和生长发育较快的特殊时期，脾胃运化功能薄弱，易发生脾胃病证。现代小儿脾胃病证因喂养太过，积滞失运者多见。临证治疗运脾是关键。常用治法有运脾、和胃、顺肠。以小儿便秘为例，小儿便秘，脾运失常，滞结肠腑者多见。临床常见单纯运用润肠通便药不能收到满意疗效，或者形成依赖。治疗时注重恢复脾胃运化功能，有助于提高疗效。常用方法如下。

1. 运脾化滞促肠动，慎用泻下

中医学认为大肠传导功能是胃的通降功能的延续，有赖于脾的运化。脾的运化推动胃肠的虚实更替，而肠壁的发育和肠道蠕动功能的强健，也有赖于脾胃运化的水谷精微的荣养。脾失健运，则肠动不足。小儿脾弱易伤，便秘一则多因饮食喂养不当，脾胃负担过重，运化不力；二则脾运力弱，胃肠消化传导不力。现代医学也认为小儿肠壁弹力纤维和肌层发育不全，肠蠕动力不够大，肠肌张力低等易造成便秘。所以，治疗需注重恢复脾胃的运化功能以促肠动。

泻下通便应慎用。然而，临床若见患儿三五天甚至更长时间不排便，伴有口臭腹胀，舌苔厚腻，舌质红，此为热积滞结肠腑，“急则治标”，还须通便。可取法外治，便通即止，不作常法，不可过用。

2. 辅以升降兼活血

滞结肠腑，升降之气窒塞，浊气不降，清气不升，不利脾运，治疗宜佐以调气，使脾胃升降相因，清升浊降，运化有常，肠道气机流通，则大便畅利。选药配伍以降气通腑为主，升药用量宜小，升降相伍的用意在于以升降气机为通便之用。

脾运失常，气机失调，血的运行也会受影响，肠道血运失常，则肠壁失养，活血药有助于促进肠壁发育，强健肠动力，增强疗效。然调气活血之法，其目的仍为运脾化滞促肠动。

3. 柔润滋养勿忘运

小儿便秘常见大便干硬，此为阴不足以濡之，可配合选用增液、五仁之属，与前述运脾、调气药配合，以润燥滑肠为用，增强疗效。然而临证须注意切不可专事滋阴，滋腻碍脾。如若专事滋阴而脾不运化，推动不力，大肠传导迟滞，脾不能为胃行其津液，肠道失于濡润，终是治不得法，徒然治标。运脾可促肠动，生化气血，“脾为胃行其津液”，实乃治本之法。

小儿久秘者或素体脾虚者可兼见胃纳欠佳、乏力少言、面黄发枯、消瘦或肌肉松弛、多汗等，所谓气血不足则“无力行舟”“无水行舟”，此时需补脾益气养血。然而，小儿便秘所见少便意、便难出、便质干硬，与成人“欲出不出、了而不了”的虚秘不同，虽有虚象，仍以脾不运化，气血乏源为根本。小儿“脾胃薄弱”“生长发育需求高”“脾胃负担重”，即使要补脾，也应以运脾为主。脾运复健，一则气血生化渐旺，二则肠动有力，脾为胃行其津液，大便畅利。总体治疗仍应以运脾为主，补益气血为辅，待大便畅利后再投补益。

此外,腹肌锻炼有利于促进排便,小儿便秘常见患儿形瘦或者肌松,腹部触诊腹壁肌肉松弛,所谓“脾主肌肉”。腹肌锻炼一方面可以增强腹壁肌肉的力量;另一方面可以刺激肠动,二者均有利于促进排便。

吴晋兰

【杏林步履】吴晋兰(1965—),女,山西省昔阳县人。现任浙江省杭州市余杭区第五人民医院院长,主任中医师。1985 年浙江中医学院中医学本科专业毕业,1985—2002 年在杭州市余杭区中医院工作,2002 年至今在杭州市余杭区第五人民医院工作。2006—2009 年在浙江中医药大学攻读中医内科学专业博士学位。2007 年被杭州市人事局列入杭州市新世纪“131”优秀中青年人才培养计划。2009 年被国家中医药管理局列入第二批全国优秀中医临床人才研修项目培养对象,浙江省卫生厅授予浙江省基层名中医称号。2010 年杭州市卫生局授予杭州市名中医称号,余杭区卫生局授予余杭区名中医称号。2011 年杭州市妇联授予杭州市“三八”红旗手,余杭区统战部授予余杭区统一战线“同心同行”标兵。现任浙江省中医药学会脾胃病分会委员会委员、杭州市生殖医学学会委员、杭州市首批重点专病建设项目“中医脾胃病”的学科带头人、余杭区心理卫生协会副理事长、余杭区医学会全科医学学组组长、余杭区口腔医学质控中心主任、余杭区心理卫生技术指导中心主任,为杭州市人大代表,余杭区人大常委。

【医学传承】2006—2009 年在导师徐珊教授指导下,攻读博士学位。跟师学习 3 年,学习导师渊博的专业知识,严谨的治学态度,丰富的临床经验,精湛的工作作风,诲人不倦的高尚师德。同时开展消化系统疾病的基础与临床研究,完成

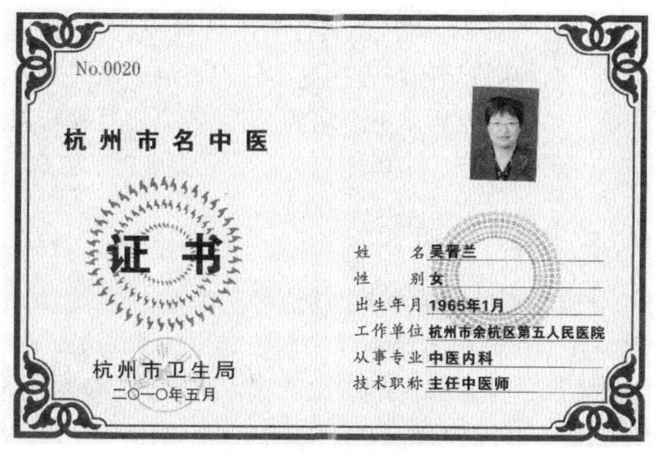
No.0020

杭州市名中医

证书

姓　　名 吴晋兰
性　　别 女
出生年月 1965年1月
工作单位 杭州市余杭区第五人民医院
从事专业 中医内科
技术职称 主任中医师

杭州市卫生局
二〇一〇年五月

杭州市名中医荣誉证书

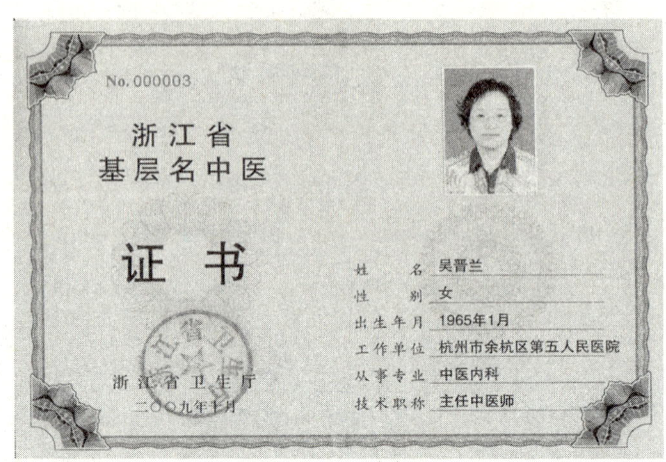
No.000003

浙江省
基层名中医

证书

姓　　名　吴晋兰
性　　别　女
出生年月　1965年1月
工作单位　杭州市余杭区第五人民医院
从事专业　中医内科
技术职称　主任中医师

浙江省卫生厅
二〇〇九年十月

浙江省基层名中医荣誉证书

博士论文“不同证型慢性胃炎患者体质类型及基因表达特征研究”。2009 年参加第二批全国优秀中医临床人才研修项目以来，精读四大经典，泛读古典医籍，临证时应用望闻问切，善于辨证施治，擅长经方应用，认真总结经验，整理临床医案 90 篇，学习古典医籍指导临床实践撰写中医学术论文 5 篇，国内核心期刊发表学术论文 5 篇。2010 年 10 月被杭州市卫生局确定为杭州市第五批名中医学术经验继承指导老师，带教杨伟莲、陈展 2 名年轻医生，传承中医中药文化。

【学术研究】从事中医药诊治消化系统疾病的基础与临床研究，主持和参加省、市、区级科研课题 6 项，曾有 20 余篇论文发表在各级杂志上，其中 SCI 收录论文 1 篇。已完成科研课题 4 项，分别获省、市、区科技进步奖。目前在研项目 2 项，分别为浙江省中医药科技计划项目“不同证型慢性胃炎患者基因表达特征研究”和余杭区科技计划项目“乐胃饮治疗慢性萎缩性胃炎的临床研究及机理探讨”，通过研究慢性胃炎的中医证型与体质类型间的关系、各证型胃黏膜基因蛋白的表达特征，探讨慢性胃炎的发病机制，为慢性胃炎的防治提供科学依据。

一、慢性胃炎中医证型研究

1. 慢性胃炎各证型胃黏膜蛋白表达

研究慢性胃炎各中医证型的胃黏膜蛋白 AQP4、Bcl－2、Bax、P53 的表达，显示 AQP4 是水液代谢障碍在胃黏膜的局部反应，AQP4 基因表达的高低，反映了慢性胃炎从实证到虚证或因虚致瘀，虚实夹杂，细胞凋亡逐步增多的病机演变过程，提示胃黏膜 AQP4 与中医证型的虚实之间有某种内在联系，可作为判断病情演变的一项参考指标。随着病变进展,Bcl－2蛋白的表达逐渐增强,揭示了在慢性胃炎各中医证型中以胃络瘀阻型和脾胃虚弱型的Bcl－2表达最强,与萎缩性胃炎的发生密切相关。中医各证型突变型P53蛋白表达水平,显示了胃黏膜癌前病变中胃络瘀阻型有P53的较强表达,胃黏膜的良性病变的加重与中医证型演变规律基本相符,而慢性胃炎辨证中胃络瘀阻型、胃阴不足型、脾胃湿热型是胃黏膜癌前病变的主要相关证型。

2. 慢性胃炎虚实夹杂的病机演变

慢性胃炎具有初病为实,久病为虚或因虚致瘀而成虚实夹杂的病机演变特点。中医证型分布从高到低依次为肝胃不和型、脾胃湿热型、脾虚气滞型、脾胃虚弱型、胃阴不足型、胃络瘀阻型。体质类型从高到低依次为气虚质、平和质、阳虚质、瘀血质、湿热质、气郁质、阴虚质和痰湿质。慢性胃炎的发病以异常体质为主,并呈现发病率虚证体质最高、实证体质次之、平和体质最低的发病规律,即慢性胃炎患者体质特征呈现"虚一实二平三"的规律,提出正虚是脾胃病变发生发展中的重要因素。

3. 慢性胃炎证型与体质的关系

慢性胃炎证型与体质之间具有内在关系,慢性胃炎患者虚证体质(气虚质、阳虚质、阴虚质)的基础上易出现虚证证型(脾胃虚弱型、胃阴不足型)或虚实夹杂的脾虚气滞型。实证体质(瘀血质、湿热质、气郁质、痰湿质)的基础上易出现实证证型(脾胃湿热型,胃络瘀阻型)。而无论虚证体质、实证体质或平和质的基础上都易出现肝胃不和型。体质异常使慢性胃炎发病率增加,同时慢性胃炎形成后又对体质产生不利的影响。从而表明体质是疾病发生的内因,体质决定着证型的倾向性,影响着证型的虚实寒热属性,证型以体质为基础,证型随体质而转变。

二、治疗脾胃病十一法研究

脾胃病是临床常见病、多发病,属于中医学"痞满""胃痛""嘈杂""吐酸""泄泻"等病证的范畴。先天禀赋不足、劳倦过度、饮食不节、大病久病之后,均能使脾胃虚弱,纳运失司,而化生食滞、湿阻、气滞和血瘀等实邪,出现虚实夹杂,寒热错杂,升降失常,气血失调的正虚邪恋状态,病因复杂,病机错杂,症状夹杂。治宜寒热并用、攻补兼施、辛开苦降之"和法"来扶助正气,祛除邪气,转化人体正邪双方力量的对比,重新恢复"阴平阳秘"的正常生理状态。在方剂配伍上相反相成,祛邪与扶正、清热与温寒、升散与降收同冶于一炉。临证时依据脾胃的生理特性,脾胃病的证侯特点,以和法为大法,辨寒热,辨虚实,辨脏腑,辨升降,制定和法治疗脾胃病11法，明确中医药诊治脾胃病的特色和优势，提出脾胃病的中医药治疗策略，为脾胃病的防治拓展了思路。

1. 化湿和胃法

用于脾胃湿热型。症见脘腹不适，纳呆少食，口淡无味，或口渴而不欲饮，倦怠身重，大便溏薄，苔黄腻，脉濡数。治当清热化湿，和胃醒脾，以三仁汤治疗。

2. 利胆和胃法

用于胆胃郁热型。症见胃脘不适，灼热吞酸，口苦呕恶，咽喉不适或咽部梅核气，嗳气便干，舌质红，苔白腻，脉弦数。治当利胆和胃，清热降逆，以蒿芩清胆汤治疗。

3. 清热和胃法

用于肝胃蕴热型。症见脘腹不适，泛酸嘈杂，嗳气时作，口苦口干，舌质红，苔黄腻，脉弦数。治当清热和胃，以左金丸和海贝散治疗。

4. 疏肝和胃法

用于肝气犯胃型。症见胃脘胀闷，攻撑作痛，嗳气频作，每因情志刺激痛作或加重，或伴大便不畅，舌苔薄白或薄黄，脉沉弦或弦滑。治当疏肝理气，和胃降逆，以柴胡疏肝散治疗。

5. 清肠和胃法

用于肠胃不和型。症见脘腹胀满痞闷，干噫食臭，伴肠鸣下利，恶心呕吐，舌苔黄白相见或腻，脉弦或弦数。治当清热利湿，调和肠胃，以半夏泻心汤治疗。

6. 调和肝脾法

用于肝旺脾虚型。症见肠鸣腹痛，腹痛即泻，泻后痛缓，每因情志波动发作，矢气频作，舌淡红，苔薄白，脉弦。治当抑肝扶脾，调中止泻，以痛泻要方合香连丸治疗。

7. 化痰和胃法

用于胆郁痰扰型。症见胃脘痞满不适，烧心或隐痛，或嘈杂嗳气，心烦失眠，舌苔黄腻，脉弦数或滑数。治当清胆和胃，理气化痰，以温胆汤治疗。

8. 养阴和胃法

用于胃阴亏虚型。症见胃脘部灼热时痛，咽干口燥，或大便干结，或饥而不食，舌干少苔或无苔，呈镜面舌，脉细数。治当清胃滋阴，敛阴止痛，以益胃汤治疗。

9. 健脾和胃法

用于脾胃气虚型。症见脘腹痞闷，不思饮食，面色萎黄或淡白，语音低微，气短身倦，四肢乏力，大便溏薄，舌淡边有齿印，苔薄白，脉虚弱或虚缓。治当益气补中，健脾和胃，以四君子汤、参苓白术散等治疗。

10. 温中和胃法

用于脾胃虚寒型。症见胃脘隐痛，喜温喜按，绵绵不已，得食或得温痛减，多食则脘腹痞胀，泛吐清水，胃部冷感，饮食喜热，四肢不温，倦怠无力，大便溏薄，舌淡红、苔薄白，脉软弱无力。治当温运脾阳，健胃和中，以黄芪建中汤治疗。

11. 消积和胃法

用于饮食停滞型。症见胃脘胀痛，嗳腐酸臭，或呕吐不消化食物，吐食或矢气后痛减，苔厚腻，脉滑。治当消食和胃，理气导滞，以保和丸治疗。

三、和法治疗脾胃病施治要点

1. 和法应用当辨明病性，随证施治

脾胃病的形成有本虚标实，虚实夹杂两方面，有升降失常，寒热相兼的特点，往往以脾胃虚弱为本，水湿，湿热，瘀血，浊毒为标，故要明确证候性质来选用和法。同时要根据寒热、虚实、升降之孰轻孰重，决定药量，如吴鞠通所谓“治中焦如衡”，意为治中焦之病要达到平衡、平和之状态。

2. 和法应用当平补缓攻，动静相宜

脾胃病以虚实夹杂，寒热错杂为病机特点，单纯补益或补益太过，湿热毒瘀非但不能祛除，反而使邪气滞留加重，使气机升降受碍，正气更虚；若攻伐太过，湿热毒瘀虽祛，但元气大伤则气机升降出入无力，体虚不复，疾病难愈，故宜平补缓攻之和法。慢性胃炎治之以和，可取法效法，或在化湿、消食、散寒、泄热、行气、活血之时辨证配合益气、养血、养阴，使正气复，邪气去而趋平和，亦乃和法之旨意。处方用药时也往往在补益剂中，加用鸡内金、砂仁以防止补益太过而致气机壅滞或碍胃，以补配消，以塞配通。在静药中适量加入动药，既行补之滞又增补益之力，此即《内经》“动静相召”之意，也是和法的具体体现。

3. 和法应用当顺应特性，配合得法

脾胃同居中焦，脾宜升、宜健、宜燥、宜温、宜补；胃宜降、宜和、宜润、宜清、宜泄。脾胃二者在生理特性上相辅相成，共同完成饮食物的消化吸收，病理机制上升降失常，纳运失司，治疗时应顺应脾胃特性，或因势利导，或逆向调整，使异常的升降状态恢复正常。临证用药时宜选轻清平和之品，时时扶护脾胃之气，同时将不同升降作用的药物进行合理搭配，使药剂的作用与气机升降相因的规律相顺应，以升促降，以降促升，有利于流通气机，提高疗效，使中焦脾胃气机通达，升降协调，出入有序，邪去病却。

郎笑梅

【杏林步履】郎笑梅(1968—),女,重庆市涪陵区人。浙江省人民医院副主任中医师。1986年考入成都中医学院(成都中医药大学之前身)中医学专业学习。1991年7月毕业后在涪陵中医院任住院中医师。1994年再次考入成都中医药大学攻读硕士学位,1997年毕业后在浙江省人民医院中医科工作至今。2006年考入浙江中医药大学,攻读中医内科学专业博士学位。2007年晋升为副主任中医师。

【医学传承】成都中医学院是全国首批成立的四所中医学院之一,地处素有"中医之乡""中药之库"美称的四川省成都市,是四川省一大批名老中医会聚的摇篮,拥有全国规模最大、收藏品种最多的中药标本中心和西南地区最大的中医学医史博物馆。1994—1997年在王再谟教授指导下,打下坚实的中医理论基础,立志成为一名救死扶伤的中医师。1997年硕士毕业后临床工作磨炼,积累了一些中医诊治临床常见病、多发病的经验。2006—2009年攻读博士学位期间,在导师徐珊教授指导下,中医理论知识与临床经验都有进一步提高,收获颇多。徐珊教授从医40年,治学严谨,临床诊治经验丰富,治法方药精当,临床疗效显著。从师读博3年,特别是在临床诊治疑难杂病及消化系统疾病方面获益匪浅,目前门诊诊治病人逐年增加。2011年以"师带徒"方式指导带教周立萍医师。

【学术研究】从事临床、教学、科研工作20余年,擅长内科常见病、多发病诊治,特别是中医药治疗慢性胃炎、慢性胆囊炎、慢性腹泻、脂肪肝等消化系统疾病及中医药治疗月经不调、痛经等妇科疾病。主持了脾虚泄泻、非酒精性脂肪性肝病的临床科研课题。先后在医学专业杂志上发表10篇论文。

中医药诊治慢性腹泻具有明显的特色和优势,通过临床实践,提出中医药治疗慢性腹泻的思路。

慢性腹泻多见于肠易激综合征、非特异性溃疡性结肠炎、吸收不良综合征等疾病,属中医脾虚泄泻者居多。通常治疗脾虚泄泻采用参苓白术散。但在临床中发现,用参苓白术散治疗脾虚泄泻,不如用于巩固治疗和预防复发的效果佳。在脾虚泄泻发作时,治当脾胃同治,标本兼顾,法应集甘温实脾、健胃消食、淡渗利湿、苦温燥湿、芳香化湿为一体,使脾胃之气健运,水湿分清走泄,以促泄泻治愈。

一、病机

《素问・脏气法时论》曰:"脾病者……虚则腹满肠鸣,飧泄食不化。"《素问・阴阳应象大论》指出:"清气在下,则生飧泄……湿胜则濡泻。"足见泄泻病机之关键为脾虚湿胜。脾虚与湿胜相互影响,互为因果。

二、治法

《罗氏会约医镜・泄泻》谓:"泻由脾湿,湿由脾虚。"故治疗泄泻尤其是脾虚泄泻应以健脾除湿为大法,不言而喻。但在临床脾虚泄泻疾病中,脾虚与湿胜常有侧重之变,泄泻未发时,脾虚为主;泻发时,湿胜则不可忽视,故治疗应以治湿为主。《脾胃论・卷上・脾胃胜衰论》指出:"形体劳役则脾病,病脾则怠惰嗜卧,四肢不收,大便泄泻,脾既病则其胃不能独行津液,故亦从而病焉。"故健脾必强胃。《素问・阴阳应象大论》谓,"中央生湿,湿生土,土生甘,甘生脾",甘生脾即甘味养脾。《素问・至真要大论》谓,"寒则热之,热则寒之""劳则温之""损则益之",虚损之病宜温药。《医学入门・泄泻》曰:"凡泻皆兼湿,初值分理中焦,渗利下焦;久则升提,必滑脱不禁,然后用药涩之,其间有风胜兼以解表,寒胜兼以温中,滑脱涩住,虚弱补益,食积消导,湿则淡渗,陷则升举,随证变用,又不拘于次序……且补虚不可纯用甘温,太甘则生湿,清热亦不可太苦,苦则伤脾。每兼淡剂利窍为妙。"对泄泻的治法概括可谓言简意赅。脾为阴土,喜燥恶湿,胃为阳土,喜润恶燥。所以在辨治脾病时,应注意湿易伤脾,多用芳香醒脾化湿之剂,少用甘润滋腻之品,以免助湿。在辨治胃病时,当注意燥热易伤胃阴,常用甘凉滋润之剂,慎用辛香燥热之药,以防伤阴。故脾胃俱虚泄泻时,则补脾胃,强运化,宜甘温甘淡、消食和中、苦温燥湿、芳香化湿、淡渗利湿并施。

三、方药

治疗脾虚泄泻型慢性腹泻拟四君子汤、四苓散与楂曲平胃散加减为方。

人参、炒甘草甘温益气,健脾养胃;白术、苍术苦温燥湿兼以健脾;茯苓、猪苓、泽泻甘淡渗湿;厚朴辛苦性温,善能行气消满,芳香苦燥祛湿,湿化气行则脾得运化;陈皮理气和胃,芳香醒脾,以助苍术、厚朴之力;焦山楂、神曲消食健脾,且焦山楂有止泻止痢之功,三方合用,脾健湿除,则泄泻止。

四、心得

虽属脾虚，不可重补，切记“补虚不可纯用甘温，太甘则生湿”，泄泻则不止。人参、炒甘草、白术用量宜轻，一般 9～12 克。燥热易伤胃阴，苍术、厚朴、陈皮辛温之品宜少量用之，一般 6～9 克。慢性腹泻病程长，治疗用药时间相应较长，俗话说“病去如抽丝”。泄泻止后宜服参苓白术散（丸）巩固治疗。

冯新伟

【杏林步履】冯新伟(1959—　),男,广东省开平县人。香港特别行政区政府教育局高级学校发展主任,香港理工学社会科学系兼任讲师,香港浸信宣道会联会注诊中医师。1985—1989 年就读中国国医学院中医学学士课程班,1989 年毕业后任教于启思中医学院,并在工人进修中心开班授徒及悬壶开诊,翌年于浸信宣道会明基堂教会任驻诊中医师。2003 年香港特区政府开始规管香港中医师后,参加卫生署中医管理委员会的执业考试,考获注册中医师资格。2005 年在英国取得教育博士学位。2006—2009 年在浙江中医药大学攻读博士学位。现为三所基督教教会及香港浸信宣道会联会的注册中医师,并受聘到老人中心,学校及小区中心,向不同的对象分享中医理论及养生之道,主持各种类型的健康及食疗讲座。

【医学传承】1985—1989 年师承香港著名老中医谭宝钧教授,谭老早年毕业于南京中医药大学前身之中医专科学校,来香港后从事中医药医疗及教育工作 50 多年。谭老医理精湛,在香港执业期间,坚持以经方治疗各种疾病,疗效显著,对伤寒及杂病的用药,尤为得心应手。在导师徐珊教授指导下,2006—2009 年在浙江中医药大学攻读中医内科学专业博士学位,主要研究肠易激综合征。两位资深导师的先后指导,可谓获益良多,对日后从事临床及医理研究方面,有很深远的影响。

【学术研究】从医 20 多年来,擅长内科及其他杂病,从事胃肠道疾病的研究,特别是由肠胃引起的便秘或腹泻的病变,对诊治老年人便秘和失眠等积累了一定的经验,赢得病人及同行的赞誉。发表相关研究论文多篇。

中医诊治便秘及与其有关的证候比西医有明显的优势,在经过长期的实验和临床实践中得到很多丰盛的成果,且对老年人的习惯性便秘提出了很多有效的治疗策略。

便秘是一种老年人常见的疾病,也是香港特区老年人最常见的消化道病变,其发病率随病人年龄的增加而上升,到老年期可达 30%。患者往往出现大便燥结,努挣难下,苦不堪言。长期便秘导致肠道毒素吸收和消化不良给老年人的身体和精神均带来极大的危害。鉴于年老病人具有其特殊的体质,经常自诉大便时力不够,一般适用于青壮年便秘病人的方药未必能治愈,或只能治标不治本。自 2007 年 3 月以来,以辨证施治的方法,采用滋肾生津及润滑肠道之外并结合益气养血法，使用补中益气汤加减治疗老年性肠易激综合征之便秘，取得满意成果。

如冯某，男，65 岁，司机，反复泛酸、嗳气及胃部不舒，便秘，二三日一行，如厕时大便难出。2007 年 4 月 19 日初诊时病人面色微黄，自诉大便无力排出，并经常嗳气，自觉胃气上逆，时有胸膺及两胁痛。脉象虚弦，尺弱，舌胖淡红，苔薄滑。诊断为肝郁便秘。治则以疏肝解郁消导通便为主，方用柴胡疏肝汤合补中益气汤加减，4 剂后胸膺及胁痛消失。二诊弦脉已减弱但尺脉仍虚，辨为肾阳虚便秘，药用右归丸合香砂六君子汤加减。再 10 剂后诸症尽失，随访 1 年再无复发。

造成老年人便秘的原因很多，其中最常见的是气阴不足和燥热内结，但肝郁气滞的因素亦不少，而所用的方药多为增液汤，滋阴或平肝解郁药。朱丹溪《格致余论》说到人生至六七十以后，精血俱耗，常有“头昏目眵，肌痒溺数，鼻涕牙落，涎多寐少，足弱耳聩，健忘眩晕，肠燥面垢，发脱眼花，久坐兀睡，未风先寒，食则易饥，笑则有泪”。《灵枢・天年》篇亦云：“人生五十岁，肝气始衰，肝叶始薄，肝汁始灭，目始不明……七十岁脾气虚，皮肤枯……九十岁肾气焦，四脏经脉空虚。”可见气弱先见于脾胃虚，老年人脾胃气虚，进而累及肺气，“脾胃一虚，肺气先绝”，所以便秘虽有各种不同的原因，但气虚传送乏力亦与肺脾两虚有关，老年便秘患者大都自诉排便时无力。虽然患者未出现面白或懒言等气虚症状，在治法上加上补气药以助排便亦不无道理。脾为生化之源，老年人随年龄的增长，结肠肌肉的运动功能逐渐降低或因黏液分泌腺的萎缩导致黏液分泌减少的情况，这些都是脾胃先败的现象之一，胃消化功能减弱，加上胃排空时间又比以往快，往往出现易饥易饱的情况。

补中益气汤乃调补脾胃、升阳益气之首方，具有温中而不伤阴，甘补而不腻滞之功，一般除对老年人的多发病如尿频、便频甚有疗效外，对部份老年性的便秘也颇见效。而李杲所创的升阳益胃汤乃由其补中益气汤所变化而成，其意在既能补气，亦能升提胃阳，方中除原来的补中益气药外，更附有驱风之羌活、独活及防风，亦有黄芩、白芍与泽泻的辅助，定能提供调补及驱肠风之效，对肠道的推陈致新有显著的效用。如能加上少食多餐及定时的生活起居习惯配合，一些老年人长期的脾胃疾患必能得到一定程度的缓解。

李天一

【杏林步履】李天一（1972— ），女，甘肃省天水市人。浙江中医药大学副教授。1990年考入甘肃中医学院，1995年毕业后分配至天水市中医院内科工作。1999年考入兰州医学院攻读内科学专业硕士学位，2002年毕业后分配至浙江中医药大学工作至今，其间在职攻读了中医内科学专业博士学位，2010年晋升为副教授。

【医学传承】2007—2010年师从徐珊教授攻读中医内科学专业博士学位，导师的精心指导和言传身教，使学生获益颇多。

【学术研究】从事中医药诊治消化系统疾病的基础与临床研究，主持和参加"黄芪多糖对免疫性肝损伤小鼠血清骨桥蛋白和Th1/Th2免疫平衡的影响""银杏叶提取物对肝肺综合征大鼠血管扩张因子的影响""慢性乙型肝炎、肝硬化患者血清IL-18的水平变化及其临床意义"等省部级和厅局级等科研课题20多项。发表学术论文20多篇，参加多部专著和教材的编写。从医15年，擅长内科常见病、多发病，特别是中西医结合诊治急慢性肝炎、急慢性胃炎、消化性溃疡、慢性结肠炎、消化不良以及异型增生等癌前病变等。

在临床研究中发现，无论是HBeAg阳性慢性乙型肝炎患者，还是HBeAg阴性慢性乙型肝炎患者，血清骨桥蛋白（OPN）水平均高于健康人，以HBeAg阳性组水平最高；患者骨桥蛋白水平越高，肝脏炎症程度越重，提示骨桥蛋白参与了乙型肝炎的炎性损伤过程。骨桥蛋白水平与肝功能指标ALT、AST、TBIL密切相关，亦进一步提示骨桥蛋白水平与肝脏炎症程度成正比，是肝脏炎症程度的一个重要标志。因此测定骨桥蛋白水平变化可用于评估乙型肝炎患者肝功能状况及疾病的严重程度，亦可作为乙型肝炎活动性监测的一项指标，对判断乙型肝炎患者的预后也具有一定的价值。

银杏叶提取物中的银杏叶黄酮有降低血管阻力，增加血流量，改善器官血供，清除自由基，抗脂质过氧化作用，在临床中也观察到金纳多注射液能改善肝肺综合征患者的呼吸困难等症状。经过实验证明银杏叶提取物可降低肝肺综合征大鼠的血管扩张因子，且剂量大者效果更为明显。进而可减轻肺内血管扩张，对肝肺综合征起到治疗作用。银杏叶提取物对肝肺综合征的治疗作用可能有两个方面：一是银杏叶提取物对肝纤维化过程及肝纤维化的影响，如慢性肝病中均发现氧化应激存在，且常伴有抗氧化能力降低，如过氧化脂质积聚、抗氧化酶活性下降、还原性谷胱甘肽含量减少等。因此，用抗氧化剂治疗即可预防或减轻肝纤维化。银杏叶提取物中的黄酮有降低血管阻力、抗脂质过氧化作用等在防治肝纤维化同时间接降低了 ET-1、NO、CGRP 等血管扩张因子。二是银杏叶提取物具有双向调节的作用机制，对于 NO 减少导致的疾病，可以改善 NO 的生成，调节核因子 κB 的核移位。但对大多数 NO 异常生成过多的疾病，银杏叶提取物清除 NO 和自由基，抑制诱导型 NOS(iNOS)mRNA 和蛋白的表达，减少 NO 生成和降低 iNOS 的活性，并通过减弱核因子 κB 活性的抗氧化效应产生效应。

近年来，通过实验研究发现，黄芪多糖对免疫性肝损伤小鼠有一定的保肝护肝作用。黄芪多糖能显著降低血清中 AST、ALT；使肝脏系数和脾脏系数显著减小，胸腺系数显著增大；黄芪多糖也能降低血清与肝脏组织中 TNF-α、骨桥蛋白含量，减轻肝脏炎症反应，改善免疫性肝损伤小鼠的肝功能，其机制可能与其降酶和抑制骨桥蛋白及炎性细胞因子 TNF-α 等有关；黄芪多糖对免疫性肝损伤小鼠有免疫调节作用，其机制可能与调节 Th1/Th2 细胞平衡，调节淋巴细胞表面部分协同刺激分子的表达有关，但未对转录因子 Foxp3 产生影响。黄芪多糖可降低小鼠血清的 IFN-γ、IL-2 的含量，升高 IL-4 的含量，降低 Th1/Th2 细胞比值，也可降低 CD28、CD80 的表达量，但未对 ICOS、B7H2 产生影响，也未调节胸腺组织中 Foxp3 蛋白和脾脏淋巴细胞中 Foxp3mRNA 含量。黄芪多糖在实验剂量范围内显示出随着剂量的增加有疗效增强作用，这为黄芪多糖在临床的运用提供实验基础和理论依据。

冯　立

【杏林步履】冯立（1964—　），女，浙江省浦江县人。新西兰中医学院院长，主任医师，浙江中医药大学客座教授 。1981 年拜浦江名医陈健为师学中医。1983—1988 年进入浙江中医学院中医系中医学专业学习。1988 年大学本科毕业后在浙江省杭州建工医院（现为浙江省新华医院，浙江中医药大学附属第二医院）工作。1995 年在上海中医药大学附属曙光医院参加为期一年的高级医生进修。1997 年赴新西兰，创办了杏林中医馆；2002 年创办奥克兰自然医学院（Auckland College of Natural Medicine），是一所受新西兰政府高等教育委员会资助的中医药高等教育机构；2006 年与克赖斯特彻奇学院（Christchurch College）合并，成立了新西兰中医学院（the New Zealand College of Chinese Medicine），并创办了中医学院的中医门诊部。2008 年考入浙江中医药大学中医内科学专业消化方向博士研究生，荣获 2009 年度浙江省政府来华留学生奖学金 A 类奖学金，2009 年 10 月在浙江中医药大学荣获“杰出校友”荣誉称号。2011 年获国际中医医师技术主任医师职称。现任世界中医药学会联合会脉象研究专业委员会常务理事和教育专业委员会常务理事、大洋洲中医药针灸联合会秘书长，以及新西兰中医药针灸学会教育专业委员会主席等职。

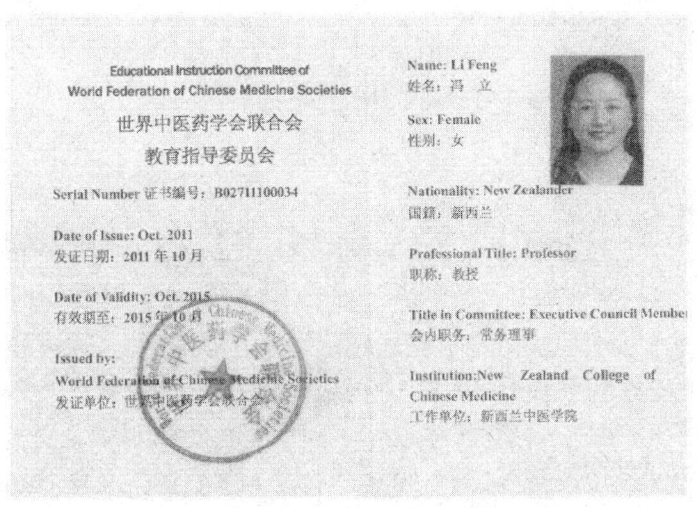

Educational Instruction Committee of
World Federation of Chinese Medicine Societies
世界中医药学会联合会
教育指导委员会

Serial Number 证书编号：B02711100034

Date of Issue: Oct. 2011
发证日期：2011 年 10 月

Date of Validity: Oct. 2015
有效期至：2015 年 10 月

Issued by:
World Federation of Chinese Medicine Societies
发证单位：世界中医药学会联合会

Name: Li Feng
姓名：冯　立

Sex: Female
性别：女

Nationality: New Zealander
国籍：新西兰

Professional Title: Professor
职称：教授

Title in Committee: Executive Council Member
会内职务：常务理事

Institution: New Zealand College of Chinese Medicine
工作单位：新西兰中医学院

世界中医药学会联合会教育专业委员会常务理事证书

Certificate

证书

Ms. Feng Li:

Thank you for your academic achievements and contribution to international propagation of Chinese medicine. You were honorably elected as the *Executive Council Member* of the 1st Board of Specialty Committee of *Pulse Manifestation* of World Federation of Chinese Medicine Societies for a term of three years. (From Apr. 2011 to Apr. 2014).

World Federation of Chinese Medicine Societies

证书编号/Certificate No. B04111040011

冯立 女士：

鉴于您在中医脉象研究领域取得的成绩和在中医药国际传播中做出的贡献，经专业委员会民主选举，世界中联秘书处批准，您当选为世界中联脉象研究专业委员会第一届理事会常务理事。

任期三年（2011年4月-2014年4月）。

特发此证。

世界中医药学会联合会

二〇一一年四月

世界中医药学会联合会脉象研究专业委员会常务理事证书

大洋洲中医药针灸学会联合会

The Federation of Oceania Chinese Medicine and Acupuncture Societies Incorporated

Certificate of Appointment

This is to certify that

Dr Li Feng

has been appointed as the Secretary-General of the Federation of Oceania Chinese Medicine and Acupuncture Societies Inc. for the period of June 2011 to June 2015

冯立博士：

经大洋洲中医药针灸学会联合会2011年度会员大会选举通过，您当选为大洋洲中医药针灸学会联合会秘书长。

任期四年（2011年六月－2015年六月）。

特发此证。

The Common Seal of

大洋洲中医药针灸学会联合会

The Federation of Oceania Chinese Medicine and Acupuncture Societies Inc.

2011年11月15日

Issued 15 November 2011

THIS CERTIFICATE REMAINS THE PROPERTY OF THE N.Z.C.M.A.S Inc

大洋洲中医药针灸联合会秘书长证书

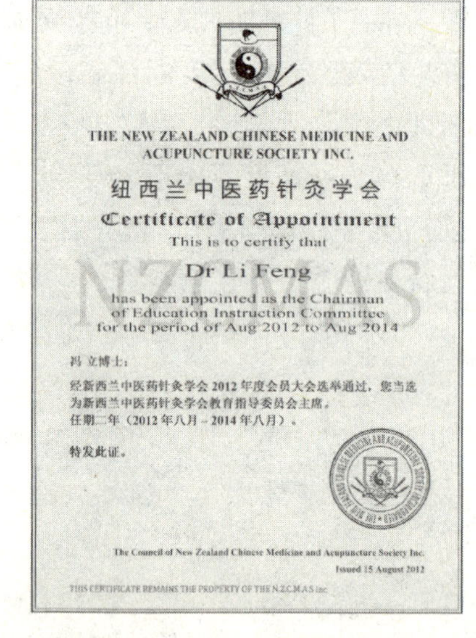

THE NEW ZEALAND CHINESE MEDICINE AND ACUPUNCTURE SOCIETY INC.

纽西兰中医药针灸学会

Certificate of Appointment

This is to certify that

Dr Li Feng

has been appointed as the Chairman of Education Instruction Committee for the period of Aug 2012 to Aug 2014

冯立博士：

经新西兰中医药针灸学会2012年度会员大会选举通过，您当选为新西兰中医药针灸学会教育指导委员会主席。

任期二年（2012年八月－2014年八月）。

特发此证。

The Council of New Zealand Chinese Medicine and Acupuncture Society Inc.

Issued 15 August 2012

THIS CERTIFICATE REMAINS THE PROPERTY OF THE N.Z.C.M.A.S Inc

新西兰中医药针灸学会教育专业委员会主席证书

【医学传承】2008—2011年在第四批全国老中医药专家学术经验继承工作指导老师徐珊教授悉心教导和培养下，获中医内科学专业博士学位。2003年为新西兰中医学院设计了新西兰教育部高等教育学历委员会(NZQA)认可的大专针灸文凭，中草药文凭及推拿文凭等课程；2004年设计并获新西兰教育部批准的第一部中医养生专业证书课程；2009年设计并获新西兰教育部批准的新西兰第一个含中医、针灸及草药本科专业的健康医学学士学位课程。经过多年的研究，设计、编写了符合新西兰教育法规及教学规律的中医教学课程和教学大纲。撰写有关中医英语教材及课件，并组织相关教职员工审核英语，使其更符合英语语言的规律。已为新西兰培养出300多名中医针灸师和500多名初步懂得养生基础的社区人士。

徐珊教授访问新西兰中医学院
（从左到右为：Pieter Watson、新西兰中医学院董事长徐志峰、徐珊、冯立）

【学术研究】随着世界性“针灸热”及“中医热”的影响，加上近年来华人移民人数的急增和其社会活动能力的提高，中医中药、针灸推拿作为医疗和保健手段已逐渐为当地人所关注。多年来，为了在新西兰积极推广中医，组织师生在新西兰各地社区举行中医针灸义诊已多达200人次左右，使中医针灸在当地很受欢迎，中医临床疗效和安全性得到普遍认可。通过这些服务和在新西兰的中医临床实践，对传统中医有了更进一步的理解，体会到当地的肥胖、心血管病、呼吸系统疾病、糖尿病和多种关节炎病都与他们的体质、饮食结构和生活习惯有关。撰写的博士学位论文《脾胃学说对“治未病”的理论贡献及临床应用研究》，首次从脾胃学说和“治未病”的角度，把两者相关的理论作了比较系统的梳理和整理，用传统的中医理论去分析西方国家的发病特点，用“治未病”从脾胃论治的理论指导临床实践，为慢性非传染性疾病中医防治提出了自己的观点和方法。根据新西兰医疗管理制度及奥克兰城市诊所管理法规，制订了《新西兰中医学院附属中医门诊部管理手册》等管理办法。发表了《体质学说在中医学中的应用》《“春夏养阳，秋冬养阴”的意义和在新西兰的临床应用》等学术论文7篇；多次在新西兰国家中医针灸研讨会和国际中医论坛上发表专题演讲，如《中医养生》《腹针治疗新西兰常见病》《中药浓缩颗粒剂结合子午流注在中医治疗和养生中的临床应用》《针灸减肥》《中药结合时辰疗法在临床中的应用》和《新西兰中医教育》等，荣获国家级杂志和国际论坛“优秀论文奖”各1篇。参加科研课题2项，作为主要完成人的研究成果获浙江省科学技术三等奖1项。临床擅长运用中医针灸治疗疑难杂症，尤重视体质学说在临床中的应用。

体质的特殊性是由脏腑之盛衰，气血之盈亏所决定，反映了机体阴阳运动形式的特殊性。由于体质的特异性、多样性和可变性，形成了个体对疾病的易感倾向、病变性质、疾病过程及其对治疗的反映等方面的明显差异。因此，体质与病因、发病、病机、辨证、治疗及养生预防均有密切的关系，体质学说在临床诊疗中具有重要的应用价值。

一、体质与病因

中医病因学对体质决定某种致病因素和某些疾病的易感性和耐受性这一现象早有认识。所谓“同气相求”之说，指的就是不同体质对某些病因和疾病有着特殊易感性，如偏阳质者易感受风、暑、热之邪而耐寒；偏阴质者易感受寒湿之邪而耐热；肥人多痰湿，善病中风；瘦人多火，易得痨嗽；年老肾衰，多病痰饮咳喘；小儿气血未充，稚阴稚阳之体，常易感受外邪或因饮食所伤而发病。脏气偏聚盈虚的改变，形成体内情感好发的潜在环境，使人对外界刺激的反应性增强，使情志症状的产生有一定的选择性和倾向性。如《素问·宣明五气》篇指出：“精气并于心则喜，并于肺则悲，并于肝则忧，并于脾则畏，并于肾则恐。”凡此种种，均说明了体质的偏颇是造成机体易于感受某病的根本原因。

二、体质与发病

中医学认为，正气虚是形成疾病的内在根据，而邪气只是疾病形成的外在条件。疾病发生与否，主要取决于正气的盛衰，而体质正是正气盛衰偏颇的反映。邪之所客必因正气之虚。正气虚，则邪乘虚而入；正气实，则邪无自入之理。正气决定于体质，体质的强弱决定着正气的虚实。因此，发生疾病的内在因素在很大程度上是指人的体质因素。

不仅外感病的发病如此，内伤杂病的发病亦与体质密切相关。《医宗金鉴·杂病心法要诀》说：“凡此九气（寒、炅、喜、怒、劳、思、悲、恐、惊）丛生之病，壮者得之气行而愈；弱者得之气著为病也。”说明对某些情志刺激，机体发病与否，不仅与刺激的种类及其量、质有关，更重要的是与机体体质有关，个体体质的特殊状态或缺陷是内伤情志病变发生的关键性因素。

三、体质与病机

体质因素决定病机的从化。在中医学中，病情随从体质而变化，称之为从化。人体遭受致病因素的作用时，由于体质的特殊性，病理性质往往发生不同的变化，不同的体质类型具有不同的病变特点。六气之邪，有阴阳的不同，其伤人也不同，又随人身阴阳强弱变化而为病。如同为感受风寒之邪，阳热体质者得之往往从阳化热，而阴寒体质者则易从阴化寒。又如同为湿邪，阳热之体得之，则湿易从阳化热，而为湿热之候，阴寒之体得之，则湿易从阴化寒，而为寒湿之证。因禀性有阴阳，脏腑有强弱，故机体对致病因子有化寒、化热、化湿、化燥等区别。从化的一般规律是：素体阴虚阳亢者，机能活动相对亢奋，受邪后多从热化；素体阳虚阴盛者，机能活动相对不足，受邪后多从寒化；素体津亏血耗者，易致邪从燥化；气虚湿盛者，受邪后多从湿化。

体质因素决定疾病的传变。患者体质不同，其病变过程也迥然有别。传变并非一成不变，一切都因人而异。体质主要从两个方面对疾病的传变发生作用：其一是正气的强弱，决定发病和影响传变，如体质强壮者则正能敌邪而病自愈，而体质虚弱者易病情多变甚至发生重证或危证；其二是病邪的“从化”而影响传变。如素体阳盛阴虚者，感邪多从阳化热，疾病多向实热或虚热方面演变；素体阴盛阳虚者，则邪多从阴化寒，疾病多向实寒或虚寒方面转化。总之，疾病传变与否，虽与邪之盛衰、治疗得当与否有关，但主要还是取决于体质因素。

四、体质与辨证

体质是中医辨证的基础，体质决定临床证候类型。所谓“异病同证”和“同病异证”，在一定程度上以体质学说为依据。同病异证是指同一致病因素或同一种疾病，由于患者体质各异，其临床证候类型则有阴阳表里寒热虚实之别。如同样感受寒邪，因病人体质的不同和所感风寒之邪的偏重，有人表现为太阳中风证，有人表现为太阳伤寒证。同病异证的决定因素，不在于病因而在于体质。又如伤寒的传变途径一般是由太阳而阳明而少阳，然后传入三阴。为何有人从厥阴而热化，有人却从少阴而寒化。其原因就在于，从热化者素体阴虚，从寒化者素体阳虚。异病同证亦与体质有关。即使是不同的病因或不同的疾病，由于患者的体质在某些方面具有共同点，常常会出现相同或类似的临床证型。如泄泻和水肿都可以表现出脾肾阳虚之证。这是由于虽然病因不同或疾病不同，而体质相同，所以才出现了相同的证候。

五、体质与治疗

体质是中医治疗的重要依据。在疾病的防治过程中，按体质论治既是“因人制宜”的重要内容，又是中医治疗学的特色。临床所见同一种病，同一治法对此人有效，对他人则不但无效，反而有害，其原因就在于病同而人不同，体质不同，故疗效不一。体质与治疗有着密切的关系，体质决定着治疗效果。由于体质受先天禀赋、年龄、性别、生活条件及情志所伤等多种因素的影响，故“因人制宜”其核心应是区别体质而治疗，把“审机论治”“辨证论治”“辨病论治”有机地结合起来，同时还要考虑到“因时、因地制宜”的体质治疗的基本原则，从而获得最好的疗效。

六、体质与养生

中医学的养生方法很多，如顺时摄养、调摄精神、起居有常、劳逸适度、饮食调养及运动锻炼等贯穿于衣食住行的各个方面。然而善养生者，无论选择何种调摄方法，都应兼顾个体的体质特点。如在饮食调养方面，体质偏阳者，饮食宜凉而忌热；体质偏寒者，饮食宜温而味厚忌寒；形体肥胖者，食宜清淡而忌肥甘；阴虚火旺者，食宜甘凉滋润而忌辛热，阳虚之体宜多食温补之品。在精神调摄方面，也是根据个体体质特征，采用各种心理调节方法，如抑郁质之人，应注意情志的调节，消除其不良情绪。在体育锻炼方面，要因人而异，不同体质的人，应根据自身的体力和爱好，选择适宜的锻炼方法和强度。在音乐娱心养性时，须因个体心理特征的不同，而选择适宜的乐曲。

总之，中医体质学作为一门应用性学科，源于临床，最终也要服务于临床，并从临床实践中获得自身的发展。中医体质学的贡献，不仅在于生命科学，更在于临床医学，将更全面、本质地揭示人类健康与疾病的关系，从而更有力地用以指导医学实践。

石君杰

【杏林步履】石君杰(1977—),男,山东省淄博市人。浙江医学高等专科学校讲师、杭州市滨江高教园区门诊部中医师。1994年始在山东中医药大学中医系本科学习,1999年考入浙江中医学院攻读硕士学位,2002年毕业后,在浙江医学高等专科学校任教。2008—2011年在浙江中医药大学攻读博士学位。现任浙江医学高等专科学校临床医学系康复教研室主任,浙江省康复医学会中医药专业委员会委员。

【医学传承】1994—1999年在山东中医药大学中医系中医专业本科,学习中医理论。1999—2011年,在导师徐珊教授指导下,攻读中医内科学专业硕士学位和博士学位,进一步深入学习中医理论、科研及临证。学业6载,感受良师的指教,获益良多,影响至深。现在浙江医学高等专科学校讲授《中医学基础》《针灸与推拿》《中医养生与康复》《传统康复治疗学》等课程。

【学术研究】从事中医药诊治消化系统疾病的基础与临床研究。主持浙江省中医药科技计划"心理应激对IBS大鼠神经、内分泌和免疫功能影响及宁肠汤干预作用研究""逍遥散对IBS大鼠性激素作用的细胞学机制研究""逍遥散对IBS大鼠5-HT信号通路作用研究"等课题,参与国家科技部"十五"科技攻关计划项目"农村卫生适宜技术推广示范研究"子课题——"浙江省农村卫生适宜技术经济学评价研究"和富阳市科委科研项目"宁肠汤治疗肠易激综合征的临床与实验研究"等课题研究。"慢性胃炎气阴两虚证候学研究""慢性胃炎脾虚证胃黏膜蛋白质表达的相关性研究""心理应激对IBS大鼠神经、内分泌和免疫功能影响及宁肠汤干预作用研究""宁肠汤治疗肠易激综合征的临床与实验研究""逍遥散对IBS大鼠内脏高敏感性的干预作用研究"等成果获浙江省科学技术三等奖、浙江省高校科研成果一等奖、浙江省中医药科学技术创新二等奖、浙江省中医药科学技术创新三等奖、杭州市科学技术进步三等奖等奖励,先后发表《胃肠动力紊乱性疾病的中医研究进展》《数学与中医现代化》《慢性胃炎胃黏膜上皮细胞中bax、fas、p16基因的表达》《宁肠汤对肠易激综合征大鼠免疫功能的调节作用》《宁肠汤对肠易激综合征大鼠下丘脑-垂体-肾上腺轴干预作用的研究》《逍遥散对腹腔注射卵清蛋白致肠易激综合征大鼠内脏敏感性的作用》《试从文化体系探讨中医的发展》《慢性束缚及夹尾刺激致大鼠肠易激综合征模型的建立及其内脏敏感性评价》《浅谈中医和传统艺术的相似性及其启示》《浅谈中医学教学改革》《中医养生康复源流概览》《古代中医情志相胜的心理疗法初探》等学术论文20多篇，主编教材4部。临床擅长肠易激综合征、功能性消化不良等胃肠功能障碍性疾病的临床诊治与研究。

中医药诊治胃肠动力性疾病具有明显的特色和优势，通过临床实践和实验研究，提出肠易激综合征的中医药治疗策略。

肠易激综合征属于中医学“肠郁”“泄泻”“便秘”“腹痛”“气秘”“痛泻”等病证的范畴。运用中医药治疗本病，疗效确切，为本病的治疗开辟了一条新的途径。辨证论治是中医学的一大特色，肠易激综合征应从脾胃论治，脾虚失运是发病的基础，肝失疏泄是发病的条件。因此，治疗肠易激综合征以疏肝健脾为基本法则。

一、肝脾与肠易激综合征的关系

藏象学说中以脾升胃降来概括机体整个消化系统的生理功能，脾升即脾的升清、运化，是指脾对营养物质的消化、吸收和输布功能；胃降则不仅指胃将饮食物腐熟后必须通降下行入小肠，而且还包括小肠将食物残渣下输大肠及大肠传化糟粕的功能。脾胃运化功能的正常，有赖于脾升胃降的协调平衡。肝的疏泄功能正常，是脾胃正常升降的重要条件。《素问·宝命全形论》篇曰：“土得木而达。”《血证论》曰：“木之性主疏泄，食气入胃，全赖肝木之气以疏泄之，而水谷乃化。”《临证指南医案》曰：“脾宜升则健，胃宜降则和。”

肠易激综合征的病位主要在肝、脾胃及大肠，与心肾有关。情志失调导致肝木乘脾是肠易激综合征的主要病因病机。肝为刚脏，主疏泄，脾在志为思，肝在志为怒。一旦忧思恼怒、焦虑紧张等情志失调，则肝气郁结，肝失疏泄，肝气横逆犯脾，脾失健运，大肠传导失司而致气机通降失调，易导致肠易激综合征的发生。《景岳全书》曰：“凡遇怒气便作泄泻者，必先以怒时夹食，致伤脾胃，故但有所犯，即随触而发，此肝脾两脏病也。盖以肝木克土，脾气受伤而然。使脾气本强，即有肝邪，未必能入，今即易伤，则脾气非强可知矣。”《医方考》云：“泻责之脾，痛责之肝，即由肝脾不和，脾受肝制，土虚木乘，运化失常，故令痛泻。”《临证指南医案》云：“肝病必犯土，是侮其所胜也，克脾则腹胀，便或溏或不爽。”《医学入门》言：“腹中之痛，称为肝气……木郁不达，风木冲击而贼脾土，则痛于脐下。”

本着治病求本的原则，治法多采用抑木扶土，调和肝脾。《景岳全书》曰：“故治此者，当补脾之虚，而顺肝之气，此故大法也。”疏肝健脾的基本方多选用痛泻要方、逍遥散、柴胡疏肝散、四逆散等。

二、逍遥散的现代药理研究

逍遥散始载于《太平惠民和剂局方》，由柴胡、当归、白芍、茯苓、白术、薄荷、甘草等组成，具有疏肝理脾的功效，系调和肝脾的经典名方。自北京中医药大学陈家旭课题组 1995 年报道“应激从中医脏象理论分析当责之于肝”的结论后，由于应激性疾病的许多临床症状与逍遥散的主治相吻合，近年来，有关逍遥散抗应激的研究，特别是实验研究论文很多。如以逍遥散为干预药物，从动物行为学方面反证应激模型的成功。比较有影响的模型分别是慢性不可预知应激模型、慢性束缚模型，同时应用系统生物学、神经生物化学等研究思路诠释逍遥散的有效性。逍遥散治疗慢性应激的疗效可靠性得到了较为深入的证明。研究表明，逍遥散对心理社会因素所致的应激性机体功能失调具有较好的调节作用；能改善慢性应激大鼠的行为学变化，增加慢性束缚应激大鼠脑内 NE、DA、5-HT 神经递质的水平，对代谢终产物有明显的调节效应，拮抗慢性心理应激造成的免疫抑制，抑制 HPA 轴兴奋性；对抗脾虚小鼠小肠功能的亢进，恢复肠道平滑肌的收缩节律，调节胃肠功能紊乱。方中主要药物白芍对胃肠道电运动有明显的抑制作用，能使胃肠慢电波幅度减少，周期延长，其有效成分白芍总苷，能降低副交感神经的兴奋性而抑制肠道平滑肌的收缩活动，起到解痉作用，且与甘草合用效果更为显著。白术主要含有挥发油，对肠管活动的影响呈双相性，当肠管活动兴奋时，呈抑制作用，当肠管处于抑制状态时则呈兴奋作用；而在免疫方面，白术也可起到免疫增强和调节作用，可纠正 T 细胞亚群分布紊乱状态。

三、逍遥散干预作用机制研究

肠易激综合征是一种综合征，具有多次反复受躯体心理因素刺激而发病或复发的特点，鉴于其病因的复杂性和病机的多重性，建立多成分综合型模型更符合实际情况。采用心理应激联合免疫诱导致敏法建立肠易激综合征大鼠，结合感觉、动力和行为等因素，部分模拟人类肠易激综合征症状，可以作为肠易激综合征研究新的、多因素的有效模型。基于“逍遥散对 IBS 大鼠性激素作用的细胞学机制研究”“逍遥散对 IBS 大鼠 5-HT 信号通路作用研究”“逍遥散对 IBS 大鼠内脏高敏感性的干预作用研究”等课题研究成果，发现肠易激综合征大鼠肠道运动增强，内脏敏感性增高，外周-中枢传导通路中重要致敏介质显著变化，性激素水平紊乱，结肠黏膜组织内肥大细胞明显增多，5-羟色胺信号通路异常。逍遥散治疗肠易激综合征的机制可能在于调节内脏感觉的外周-中枢通路中重要致敏介质(皮质醇、5-羟色胺、一氧化氮、内皮素)的分泌、释放;调节性激素水平紊乱;调节5-羟色胺信号系统,减弱脊髓背角神经元兴奋性,从而提高内脏痛阈,降低内脏高敏感性。

陈国中

【杏林步履】陈国中(1975—),男,浙江省金华市人。浙江省立同德医院副主任中医师、副教授。1998 年 7 月浙江中医学院中医学专业本科毕业到金华职业技术学院从事教学、临床及科研工作。1999—2002 年师从金华市名中医郑海文主任医师,2002—2006 年师从浙江省名中医张昌禧副教授,完成浙江省卫生厅主管的第二批浙江省名中医学术经验师承学习项目。2004—2005 年受金华市政府委派到东阳担任首批农村工作指导员,为基层百姓开展中医药诊疗和教育培训工作。2004—2007 年考入浙江中医药大学攻读硕士学位,2008—2011 年在浙江中医药大学攻读博士学位。先后担任金华职业技术学院临床系辅导员、课程组长、专业主任等。兼任金华市中医药学会民间医药开发研究专业委员会副主任委员。2008 年指导学生专业社团“杏林社”获省级优秀社团。2010 年 11 月指导学生参加全国医药行业“国药杯”特殊职业技能竞赛获一等奖。2012 年调入浙江省立同德医院工作。2009 年晋升为副主任中医师,2011 年晋升为副教授。

【医学传承】1999—2002 年师从金华市名中医郑海文主任医师,学习肝病临床治疗。郑氏从医 40 余载,临床经验丰富,中医经典理论精深,擅长肝病,尤其是乙型肝炎治疗,对肝病治疗以疏肝和血解毒利湿扶正为主法,方以柴胡、茵栀黄、贞芪等组合加减。对金元四大家之一朱丹溪的滋阴学说也颇有研究,著有《丹溪养阴学理论》《以“天地之理”创“医学三论”》《卦象理论治疗鼓胀病》等代表论著。2002—2006 年师从浙江省名中医张昌禧副教授,学习肿瘤病临床治疗。张氏从事教学、医疗、科研工作 40 多年,经验丰富,教学层次广泛,创建中医药结合的模式,既精通中药鉴定,临床中药,又熟悉辨证施治,尤其在肿瘤方面有独特经验。张氏治疗肿瘤用三法:首护脾胃之气,兼用清热解毒,瘀肿宜用化瘀软坚。2004—2007 年在浙江中医药大学范永升教授指导下,攻读中医内科学专业硕士学位。范永升教授是第四批全国老中医药专家学术经验继承工作指导老师,主要从事结缔组织病的临床和科研工作,临床擅长用中西医结合方法治疗系统性红斑狼疮、类风湿关节炎、皮肌炎、白塞综合征等,就诊患者遍及海内外。其中以中医解毒祛瘀滋阴法治疗系统性红斑狼疮,疗效显著,且能明显减轻激素、免疫抑制剂的副作用,有效防治骨质疏松症、感染等并发症。以经验方研制的皮肌宁冲剂治疗皮肌炎,能有效改善临床症状,明显降低血沉和改善心肌酶谱等指标。承担国家自然科学基金等课题多项，从细胞免疫和分子免疫、细胞凋亡及相关基因调控、血液流变学，以及神经-内分泌-免疫学等多方面、多层次探讨中医药治疗系统性红斑狼疮等的作用机理，并开展类固醇性骨质疏松症等并发症防治的研究。2008—2011 年 6 月在浙江中医药大学徐珊教授指导下，攻读中医内科学专业博士学位。

【学术研究】从事中医药诊治消化系统疾病和肿瘤的基础与临床研究，主持和参加市局以上等科研课题 6 项，发表省级以上论文 10 余篇，专著 1 部。从医 14 年来，潜心钻研医术，不仅继承了郑氏、张氏、范氏、徐氏名门之精华，又吸取了各家之长，精勤不倦，学验俱丰，从而形成了独到的学术思想。临床精于内科，对于脾胃病证的辨证论治尤为见长。

对脾胃病证论治继承徐氏脾胃学说，取众多脾胃医家之长，并总结临床经验，调治脾胃，归纳为以下 6 法。

一、补虚调气

李中梓《医宗必读》说："胃气一绝，百药难施，一有此身，必资谷气。谷气入胃，洒陈于六腑而气至，和调于五脏而血生，而人资之以为生者也。故曰：后天之本在脾。"脾胃病不论虚实寒热，脾胃虚弱是内因，内有郁滞是其基本病机，治疗上应补其虚，脾健则不受邪。脾胃之气充足和调，健运而不壅滞，升降适宜，纳化有度，气血得以化生，元气得以滋养，正气内存而邪无所受。脾胃虚弱，纳运失司，而化生食滞、湿阻、气滞和血瘀等实邪，故常用黄芪、党参、太子参、山药、大枣、扁豆等以健旺脾气，脾健则不受邪。

脾胃居中焦，为全身气机升降之枢纽，脾宜升则健，胃宜降则和，升降有序，则气机条畅。如外感或内伤，损及脾胃，升降失常，气机壅滞，则水反为湿，谷反为滞，形成气滞、血瘀、湿阻、食积、痰结、火郁等相因为患，用木香、枳壳、陈皮等理其壅滞，则升降有常，纳运有度，使诸邪实无所生。

二、疏肝和中

人体的气机升降出入，莫不赖于肝气之疏泄功能。肝气疏，则气机畅，肝气结，则气机塞。脾胃乃升降之枢纽，脾胃气机升降则有赖肝气疏泄条达，正如《素问·宝命全形论》中云："土得木而达。"若肝失疏泄，木气郁结，则脾气不升，胃气不降而壅滞为病；或肝木疏泄太过，横逆而犯，脾胃受戕；或脾胃虚弱，肝木乘之，升降失常。《医碥》说："肝木疏泄太过，则脾胃因之而气虚，或肝气郁结太甚，则脾胃因之气滞，皆肝木克脾土也。"重视疏肝气以调脾胃之气机，肝气疏则脾胃气机畅，故临证在调脾胃气机升降的同时，应注重调肝，药用芍药、香附等以疏肝理气，安抚风木，不敢犯土，使肝脾调和，则脾胃升降相宜，出入有序。

三、久病宜活血

脾胃为多气多血之地，病久可及血致瘀，瘀血不去，新血不生。病久宜活血，药用郁金、延胡索、丹参、赤芍、三七等活血化瘀，瘀血去，脾胃元气得复。

四、清火解毒

外感或内伤等伤及脾胃，形成气滞、血瘀、湿阻、食积、痰结、火郁等可化火毒，邪火伤正，清火能护正。药用黄连、蒲公英、石膏、山栀、白花蛇舌草等清火解毒。

五、养阴血强脾胃

外感或内伤等伤及脾胃，耗及阴血，损伤脾胃之体，脾胃之体虚无以化生气血，补养阴血能强脾胃之体，药用当归、地黄、南沙参、北沙参、石斛、麦冬、玉竹、甘草、白芍、大枣、饴糖、乌梅等。

六、溃疡用制酸敛疡

脾胃受损，形成气滞、血瘀、湿阻、食积、痰结、火郁等可化火毒，火毒化疡，药用白及、乌贼、三七等。

另外临证处方用药，药不在多而贵在约，意在顺应脾胃特性，轻药味淡，脾胃方可吸收转运生效。常配三仙等帮助消化之药，以防滋腻厚味滞胃碍脾。

张东旭

【杏林步履】张东旭(1968—　),男,浙江省杭州市人。1988年考入浙江中医学院,1993年本科毕业后在杭州市第二人民医院任住院中医师、主治中医师。1998年始在浙江万马药业有限公司担任副总经理,主管药品的研究开发和销售。2002年在浙江大学攻读应用心理学同等学力硕士学位。2003年创办杭州庆春医药科技有限公司,主营中药产品的研究开发、成果转让,获得国药准字文号2个。2005年获高级工商管理学硕士学位。2009年考取浙江中医药大学中医内科学博士研究生,2012年获博士学位。

【医学传承】2009—2012年师承徐珊教授,攻读中医内科学专业脾胃病方向博士学位。

【学术研究】从事医学临床和药物研究近20余年,发表论文10余篇。所开发的降脂、降压药物在临床大量应用,有良好的社会效益。目前致力于中医药诊治消化系统疾病临床研究和方法学评价。2010年参加教育部主办的循证医学研修班,系统学习中医药循证研究方法,并进行实践探索。

中医药治疗慢性萎缩性胃炎有其独特的优势,不但能解除患者的痛苦与不适,提高生存质量,还对肠化及异型增生有逆转作用。然而,因中医临床研究对方法学的重视仍不够,临床试验的规范性较差,双盲、多中心临床研究较少,在一定程度上影响了研究结论的可信度。通过对中医药治疗慢性萎缩性胃炎的系统评价研究,能了解中医药治疗慢性萎缩性胃炎临床研究中科研方法的应用状况,找出存在的方法学问题,对研究质量的总体水平作出评估。

一、研究方法

选取与胃复春、西医阳性药物治疗等为对照比较的随机对照试验(RCT),并评价其质量。在此基础上利用RevMan5.0软件进行Meta分析,客观评价中医药治疗慢性萎缩性胃炎的疗效。

二、研究结果

中医药治疗慢性萎缩性胃炎在总显效率、总有效率、HP转阴率、病理学改善、不良反应发生率等5个维度有不同优势;总积分、胃镜下黏膜病变、病理组织学均有不同程度的改善。当前中医药治疗慢性萎缩性胃炎疗效评价还存在一些问题，建议今后研究应注意：① 严格科研设计，制定明确的纳入标准和组间均衡；遵循随机双盲原则，做好分配方案隐藏，可实行盲态评价；明确干预措施，不能合用他药；选择胃复春或西药常规治疗对照，避免疗效不确定的中成药作为对照；应多中心合作，保证足够样本量；采用新近公认的疾病诊断标准，保证病例的可比性。② 应采用定位活检技术，规范病理诊断，加强质量控制。③ 规范疗效指标：避免将病理、胃镜、症状混淆，建议各指标采用积分方法做前后比较，合理划分主、次病变；症状分级及赋分要统一，主症可从频率和程度两方面综合评价，并予以较高权重；参考新的悉尼分类系统对病理组织学病变进行规范分级和记分，根据慢性萎缩性胃炎的 3 度划分采用分层随机法，对于癌变意义大的异型增生进行深入评价，长期随访和疗效观测，观察癌变率等终点指标，以降低死亡率为最终目标。④ 注意统计方法的正确应用。⑤ 注意观察研究的医学伦理，重视生活质量及患者自我报告临床结局的评价，疗程须保持 3 个月以上，规范辨证分型和症状、舌、脉等术语。

三、慢性萎缩性胃炎的治疗

慢性萎缩性胃炎是临床常见难治性胃病。胃在生理上以和降为顺，在病理上因滞而病。病机错综复杂，临床多表现为本虚标实、虚实夹杂之证。本虚主要是脾气虚和胃阴虚；标实主要是气滞、湿热和血瘀。脾虚、气滞、血瘀是其基本病机，其中，血瘀是最重要的病理因素，是疾病发生发展甚至恶变的关键病理环节。该病病位在胃，与肝、脾两脏密切相关。据此，提出慢性萎缩性胃炎的治疗思路如下。

1. 苦辛配伍，调畅气机

对慢性萎缩性胃炎治疗强调苦辛配伍，调畅气机。苦辛配伍之意即以苦能降能泄而和阳，辛能开能通而和阴，两者合用，泄中有开，通而能降，阴阳相和，用以通阳散结，流通气机，而恢复中焦升降转输之机能，使“清阳出上窍，浊阴出下窍，清阳发腠理，浊阴走五脏，清阳实四肢，浊阴归六腑”。

2. 辨证分型，灵活选方

慢性萎缩性胃炎各种证型，虽然病机不同，症状表现各异，但一般都有肝郁气滞的临床表现，所以肝胃气滞是慢性萎缩性胃炎的基本证型，其他证型或轻或重夹杂此证。因此，在治疗慢性胃炎时毋忘调肝理气。

3. 活血行气，兼顾湿食

血瘀与气滞常互为因果，血瘀不行，则加重气滞，脾胃运化障碍，后天失养。

瘀血内留，郁而生热，瘀热相合，则耗津伤阴，血液黏稠又会加重血瘀。临床单纯血瘀证少见，多兼见他证。慢性萎缩性胃炎因其病程长，病情反复，加之环境、起居、饮食等诸多因素的影响，病程中常会出现一些夹杂证，如食积、湿热、痰浊等，且与瘀血往往相互影响，故在抓住活血化瘀这一主要法则的同时，还要相机配合消食化滞、清化湿热和化痰泄浊等法，以促进脾胃健运，升降协调。

时小红

【杏林步履】时小红(1978—　),女,吉林省松原市乾安县人。杭州市第一人民医院主治中医师。1995—1999年在吉林延边医学院分院中医学专业学习,2000—2002年参加河北中医学院中医学本科专业自考。2004—2005年河北秦皇岛市开发区医院妇产科进修,2005—2006年在秦皇岛市博爱门诊部工作。2006年考取浙江中医药大学中西医结合基础专业硕士研究生。2009年毕业后就读浙江中医药大学中医内科学专业博士研究生,2012年获博士学位。

【医学传承】2006—2009年在导师沃兴德教授指导下,攻读中西医结合基础专业生物化学方向硕士学位;2009—2012年在徐珊教授指导下,攻读中医内科学专业博士学位,研究方向为中医药诊治消化系统疾病。

【学术研究】参与浙江省自然科学基金项目"基于液相蛋白芯片技术萎缩性胃炎脾气虚证的研究"的研究工作,发表研究论文多篇。

随着基因组学到蛋白质组学的延伸,对中医证候物质基础的研究也开始转向。疾病证候的形成是正邪斗争的结果,邪气作用于人体能否发病以及不同的发病类型与基因的多态性密切相关,而基因涉及蛋白的时序表达和精准调控,蛋白质是生命活动的直接承担者并执行编码基因的生理功能。疾病证候(即病理变化)是一个整体、动态常表现于局部某一时段的过程,它涉及人体某些代谢环节的一系列执行异常功能的蛋白群,它们彼此影响的渐进的病理是证候形成的关键环节。

通过比较蛋白质组学去检测差异蛋白,筛选差异表达的疾病分子标记蛋白,这类研究正在不断深入,成为时下的研究热点。这一技术也引入中医证候实质的研究,掌握疾病共同发病学规律,寻求证候的客观指标。

液相悬浮生物芯片,全称为微球体悬浮芯片,被称为蛋白质组学的"迷你时代""芯片实验室"。继基因芯片、固相SELDI(surface-enhanced laser desorption ionization 表面增强激光解析电离)蛋白芯片平面芯片后新发展起来的液相生物检测技术平台,基于xMAP(flexible multi-analyte profiling, xMAP)技术的新蛋白质组学研究工具。通过不同荧光编码的微球进行抗原抗体、酶及其底物、配体和受体的结合反应及核酸杂交反应,通过红绿激光检测来达到定性和定量的目的,一个反应孔内可完成100种的生物学反应。其技术优点表现在:一是多功能性。分离与检测一步到位。二是高敏感性。一些小分子蛋白,如细胞因子、激素、酶等的检测，在这方面传统双向电泳技术是无法比拟的。三是高通量性。同时对一个样本内的100个不同生理病理指标进行分析。四是定性和定量检测。五是准确，重复性好。六是样品用量少，无需浓缩和稀释，粗处理即可上样。因而，液相悬浮生物芯片技术被视为环境友好的绿色技术，把样品和生物试剂消耗降至极低，分析速度提高，使以前需要在一个实验室花大量样品试剂和很多时间才能完成的分离、检测，将在一块小的芯片上花很少量样品和试剂以很短时间同时完成大量实验，特别适用临床诊断和蛋白质组学方面的研究。不用配备专门的实验室，节约人力物力资源和能源，使现场分析成为可能，而且液相分析环境接近人体内环境，有利于保持蛋白天然活性和反应进行。

目前，对中医证候实质的研究仍然集中于证候蛋白标准谱库建立和比较不同证候的蛋白表达差异，寻找证候的蛋白标志物方向。西医学病种的已有蛋白组群比较多，且不断发现新的蛋白，但临床利用方面只是数量的叠加，相互之间病理影响机制的蛋白质组学及对病种形成的影响程度研究不多，尤其是中医证候病理形成过程中密切相关蛋白质组群的研究甚少。

研究证实，中医证候实质的研究应在中医基础理论指导下，临床分型蛋白质组学研究，不是去寻找未知蛋白，而应像全世界共享基因组学一样，共享现有蛋白质组学研究成果，从发现模式走向浏览模式，获得病种的相关蛋白组群。在此基础上，提取各证候患者的体液样本，利用生物芯片检测系统实现在同一芯片上完成一组蛋白分离、标记与样品检测，筛选出异常表达的具有普遍性，敏感特异性高的蛋白群。再从临床患者标本中反证检测结果，观察这些蛋白在患者体液中的分布是否具有普遍性，争取从蛋白质组学的角度揭示中医证候形成的病理过程。同时，研究结果应用于临床实践，在实践中去探查它们的分布规律和普遍性，还可通过定量分析确定蛋白的线形范围，从而为临床所用，观察中医证候形成之前人体某些微观蛋白质环的变化趋势，即通过相关蛋白质组的变化预测证候形成的趋向性。这种研究方法为证候形成的预测和标准化辨证提供微观的实验依据和数据，是建立宏观辨证分型下的微观蛋白质辨证体系的一种探索。

中医证候理论内容十分深奥，涉及基因组学、蛋白质组学和代谢组学等。蛋白质组学整体、动态的研究和中医整体观念有很多趋同点，它丰富了中医“证”的内涵，为证候的标准化、规范化辨证，宏观与微观的沟通，提供了一种思路，也对已病和未病的概念尝试一种新的诠释。虽然辨证的过程还有不确定性，蛋白质组学技术也还不是很成熟，处在不断完善之中，但对于积累的知识如何在认识的过程中不断被整合，这也许是中医证候现代化研究的新方向。

裘秀月

【杏林步履】裘秀月(1970—),女,浙江省永康市人。浙江中医药大学副教授。1993年考入浙江中医学院中医学本科专业,1998年毕业后留校任教,2002—2006年在职就读浙江中医药大学研究生班,获硕士学位,2010年考入浙江中医药大学中医内科学专业,攻读博士学位。2008年晋升为副教授,现任浙江省中医药学会护理分会委员。

【医学传承】2002—2006年在导师徐珊教授指导下,在职攻读中医内科学专业硕士学位。2010年始在徐珊教授的指导下,攻读中医内科学专业博士学位,主要从事中医药诊治消化系统疾病的研究。

【学术研究】从事中医药防治消化系统疾病的研究和中医护理教育与科研10多年。主持和参加省部级、厅局级等科研课题多项,参与浙江省自然科学基金项目"基于液相蛋白芯片技术萎缩性胃炎脾气虚证的研究"的研究工作。发表学术论文10余篇,参编著作和教材10多部。

中医药诊治胃肠动力性疾病具有明显的特色和优势,重点开展了经方黄芪建中汤对功能性消化不良大鼠胃肠动力作用的实验研究。

胃肠动力性疾病是近年来国内外医学界所关注的热点之一。随着现代人们生活方式的改变和工作压力的增大,这种疾病的发病率正在不断地上升。功能性消化不良(Functional Dyspepsia,FD)亦称非溃疡性消化不良,是临床上常见的一种胃肠运动障碍性疾病。FD的病因及发病机制至今尚未明确,多数研究表明,FD患者存在胃动力紊乱,其消化间期胃窦移行性运动复合波Ⅲ期减少或缺如,胃窦运动低下,胃排空迟缓,由此认为胃动力障碍是FD的主要致病因素之一。

由于FD确切发病机理尚未完全明了,现代医学主要是进行对症治疗,往往运用促胃肠动力药,但临床治疗效果并不理想,而且大多具有一定的副作用。在这一方面,中医药具有较大的优势,其对FD的认识从病名、病因病机、辨证分型、辨证论治等各方面都进行了广泛的研究。导师徐珊教授通过长期的临床实践,认为FD的病机在于肝郁脾虚,脾虚为本,依据中医理论"见肝之病,知肝传脾,当先实脾",采用益气健脾法治疗FD,取得了较好的疗效。通过多年临证积累经验,经方黄芪建中汤治疗FD疗效显著。黄芪建中汤为张仲景所创的一首名方,由饴糖、桂枝、芍药、生姜、大枣、黄芪、炙甘草组成。本方具有温中补虚,缓急止痛之功。实验研究采用郭氏适度夹尾激怒法建立 FD 大鼠模型，设正常对照组、模型对照组、参苓白术丸组、吗丁啉组、黄芪建中汤组，观察各组大鼠灌胃后胃内色素残留情况及测定胃窦部胃肠激素 SP 物质的水平。结果显示：黄芪建中汤对胃排空有促进作用，SP 物质的水平明显升高（$P<0.05$）。表明黄芪建中汤对 FD 大鼠有调节胃排空的作用。本方主治脾胃虚寒证以气虚为主，近年来其应用范围不断拓宽，不仅可以治疗溃疡病、慢性肝炎、肠道疾病，还可以治疗妇科、儿科疾病以及白细胞减少症、胃癌等病。

裘生梁

【杏林步履】（1978—　），男，浙江省杭州市萧山区人。浙江中医药大学教师。1998 年考入浙江中医学院中医学（中西医临床方向）专业学习，2003 年毕业后留校工作。2006 年在职就读浙江中医药大学研究生班，2009 年获硕士学位。现为浙江中医药大学 2010 级中医内科学专业在读博士研究生。

【医学传承】2006—2009 年在黄平教授的指导下，在职攻读中西医结合临床（内科）硕士学位。2008 年始先后师从全国老中医药专家学术经验继承工作指导老师徐志瑛主任、徐珊教授，2010 年始在徐珊教授指导下，攻读中医内科学专业消化方向博士学位。三位导师医德高尚，医术精湛，经验丰富，获益良多，影响至深。

【学术研究】从事中医药诊治消化、呼吸系统疾病的基础与临床研究，主持和参加厅局级科研课题 3 项，获浙江省中医药科学技术奖励 1 项，发表学术论文 6 篇。擅长内科常见病、多发病的治疗，特别是中医药诊治急慢性胃炎、胃与十二指肠溃疡、反流性食管炎、慢性结肠炎、慢性咳嗽、支气管哮喘、支气管扩张、间质性肺炎纤维化、高脂血症、糖尿病等积累了较丰富的临床经验。

中医药诊治脾胃病具有明显的特色和优势，通过临床实践和实验研究，提出中医药治疗策略。脾胃病与肝、脾、胃三者关系密切，脾多虚证，胃多实证，治脾胃病必须紧密联系肝。脾虚、肝郁、胃实且虚实寒热常偏于某一脏器，这是脾胃病常见之病理。治胃必实脾，健脾必和胃，健脾、疏肝、和胃是治疗脾胃病总的指导思想和原则。

一、病机认识

1. 脾胃虚弱

造成脾胃虚弱的原因有先天、后天两端：一者后天饮食不节（洁），复感外邪等致使脾胃逐渐虚损；二者先天禀赋不足，五脏素虚，易为外邪所干。

2. 气机郁滞

脾气宜升，胃气宜降，脾升胃降，气机调达，则无犯病之弊。胃失和降，脾失健运，肝失疏泄，则脾胃之病丛生。

3. 瘀血阻滞

脾胃气机不畅，饮食水谷，水湿邪气等瘀滞日久，久病及血，经气不利，血络瘀阻，瘀血内生。

4. 痰湿聚生

脾主运化水湿，脾失健运，水湿之邪停聚，脾脏被困遏，可为寒湿在里或湿热蕴结，又润燥失宜，进一步损伤脾胃。

二、辨证要点

叶天士云："脾胃之病，虚实寒热宜燥宜润，固当详便，其于升降二字尤为要紧。"因此，脾胃病辨证要点可概括为以下 4 方面。

1. 辨寒热

寒热失调是脾胃病常见的病理变化，又可见寒热错杂的复杂病证。

2. 辨虚实

脾胃病阳道实，阴道虚，实则阳明，虚则太阴，阳明病多为实证，太阴病多为虚证。病变初期以实证为主，随着病变发展，脾气受损，出现虚实转变，或相互夹杂的病理变化，最终致脾气亏虚，阴阳耗损，由实转虚。

3. 辨升降

"纳食主胃，运化主脾，脾宜升则健，胃宜降则和"，脾胃为气机升降之枢纽，外邪和病理产物侵犯脾胃或阻滞中焦，均致脾胃气机升降失司，出现胃气不降，脾气不升症状。

4. 辨润燥

"太阴湿土，得阳始运，阳明燥土，得阴自安，以脾喜刚燥，胃喜柔润也"，此乃脾喜燥恶湿，胃喜润恶燥之特征。燥湿失宜，可见脾湿太过，出现湿聚饮停；胃燥太过，出现津亏阴伤，纳少善饥。

三、常用治法

1. 补益脾气法

用于脾胃气虚证。症见不欲食，纳少，脘腹胀满，食后尤甚，面色萎黄，舌淡苔白，脉缓或弱。常用四君之汤、补中益气汤、小建中汤等。

2. 健脾燥湿法

用于寒湿困脾或湿热蕴脾证。症见胸痞腹满，呕吐恶心，嗳气吞酸，体重节痛，怠惰嗜睡，口中乏味，大便溏，舌苔白腻等。脾虚湿困有寒热之分，侧重于寒的为寒湿困脾，脾湿诸证中兼有寒象；侧重于热者，为湿热内蕴，脾湿诸证中兼有热象，可用《伤寒论》茵陈蒿汤。

3. 温补脾阳法

用于脾胃阳虚证。症见纳呆，食谷不化，腹痛绵绵，喜温喜按，面黄少华，四肢不温，大便稀溏，舌苔白滑，脉沉迟无力。常用理中丸、大建中汤等。

4. 消食导滞法

用于食积停滞或食饱化热之证。症见胸脘痞闷，嗳腐吞酸，腹胀时痛，食欲欠佳。常用保和丸、枳实导滞丸、木香顺气丸等。

5. 滋养胃阴法

用于胃阴虚证。症见胃脘嘈杂，饥不欲食，隐隐灼痛，或大便干结难通，舌红少津，脉细数。常用麦门冬汤。

6. 疏通胃腑法

此法有寒通、温通、润下三法。寒通适用于阳明里实证。症见腹满按之痛，大便不通，潮热谵语，手足汗出，舌苔燥黄起刺，脉滑实有力或热结旁流，下利清水臭秽，或由于里实热证而引起的热厥痉病。常用方有三承气汤加减。温通适用于脾胃虚寒所致的便秘，腹痛，手足不温，脉沉弦或沉迟。常用方有半硫丸、温脾汤等加减。润下法适用于肠胃燥热，阴液不足所致的大便秘结或痔疮便秘，常用方有麻仁滋脾丸、五仁丸等加减。

7. 疏肝理脾法

用于肝气犯胃或肝气乘脾证。症见胸脘满闷时痛，两胁窜痛，食入不化，泛酸嗳气，舌苔薄白，脉弦及不思饮食，腹胀肠鸣，便溏，舌苔薄白，脉弦等。常用柴胡疏肝散、逍遥散等。

8. 活血化瘀法

用于瘀血停滞证。症见胃脘部疼痛，痛有定处，拒按，或见吐血、黑便，舌紫暗，脉涩。常用失笑散等。

四、施治心得

1. 经方与时方并用观点

主张经典医籍和后世各家学说并重。在临床实践的同时练就中医基本功，深入理解四大经典和后世各家学说，服膺仲景学说，擅用经法，化裁经方；崇尚东垣升补脾阳之法，王纶、吴澄有关脾阴之论述，甘凉育养胃阴的方法，适用于脾阳不亏，胃有燥火病证，集各医家之所长，融汇自身辨证特点。

2. 中西医结合观点

博采中西之长，拓宽治疗思路。在灵活运用四诊合参、整体观念和辨证论治的中医理论的同时，密切关注现代医学研究的进展，积极吸取最新研究成果，博采中西之长，拓宽治疗思路，切实提高临床的治疗效果。如注重对胃镜下胃黏膜组织形态学的辨证，提出了以证型为纲、黏膜形态特点为目的辨证思想。主张中医为主，中西医结合，倡导中西医理论应互相验证，互为弥补，取长补短，发展中医，提高中医，完善中医。

3. 注意辨证与辨病相结合

在辨证论治的基础上，结合现代医学理论知识及研究进展，配合辨病用药。

4. 用药方面

中焦如衡，非平不安，主张尽量选用药性平和，不损伤脾胃的方药。对于脾胃虚证的治疗要把握补脾不滞气，所以临床用补气药应适当配合行气之品。“有胃气则生，无胃气则死”，故攻伐之剂，中病即止，不必尽剂，或于祛邪剂中，参以和胃之品，或于峻烈有毒方中配伍顾护脾胃之药，意在时刻顾护脾胃之气，达到病退而脾胃不伤。

补通适宜，动静结合。脾胃病在治法上可用通补两字概括，其所用药物的特性也可分为“动药”和“静药”。所谓动药，即为辛香走窜之品，药性活跃，功效理气调血，疏郁散滞。但久服易耗气伤阴，损伤正气。静药多具补益滋润作用，久服易阻滞气机，碍脾腻胃。

5. 气机升降

脾胃病的发生与气机通降失常关系密切，脾与胃互为表里，脾主运化，胃主受纳腐熟，脾升胃降共同完成水谷的消化、吸收和输布。若脾胃升降功能失常，则可发生水谷受纳腐熟运化功能障碍，可见脘腹痞满、疼痛、呕吐、呃逆、泄泻等病症。调达气机，疏肝和胃通降是治疗本病之关键。湿热的形成与胃腑失于通降有密切关系。气机通达则湿热可祛，胃腑可复通降之职，故治当以理气为首务。

王佳薇

【杏林步履】王佳薇(1984—)，女，浙江省余姚市人。浙江中医药大学 2010 级中医内科学博士研究生在读。2002 年 9 月就读浙江中医药大学针灸推拿专业，从此与中医中药结下了不解之缘。2007—2010 年在浙江中医药大学第一临床医学院，攻读中医内科学专业硕士学位。2010 年硕士研究生毕业后，考取中医内科学专业博士研究生。

【医学传承】2007 起在徐珊教授悉心教导和培养下，攻读硕士和博士学位。徐教授对医学事业的执着和认真，对病人的关怀和亲切，对学生的谆谆教诲，是一生的宝贵财富，为将来从事临床工作带来了深厚的影响和启发。

【学术研究】目前致力于中医药诊治消化系统疾病的临床和实验研究。深入学习中医内科学最新的发展研究进展，成绩优异，多次获得学校优秀学生奖学金。与时俱进关注最新的学术研究动态，掌握最新的科学研究技术成果，以更好将其运用于传统医学研究，使传统医学瑰宝在 21 世纪能够发扬光大。已经初步具备了中医内科学的科研与诊治思路。在跟随徐珊教授门诊临床学习期间，对其在诊治内科常见疾病，特别是消化系统常见病、多发病及疑难杂症，尤以中医药诊治急慢性胃炎、胃与十二指肠溃疡、反流性食管炎、慢性结肠炎、肠易激综合征、消化不良、胃癌术后、肝胆胰等消化系统疾病与胃黏膜肠化、异型增生(上皮内瘤样变)等癌前病变，以及亚健康的综合调理等方面有了系统的了解和掌握，徐教授在治疗消化系统疾病上颇有心得，遣方用药强调顺应脾胃特性，升降配伍得法，注重通降胃肠，一切要以顾护胃气为本，总结出不光要学会“补脾”，更在于“运脾”的精髓要领。科研实践方面读硕期间参与浙江省大学生创业孵化项目资助课题”乐胃饮颗粒的制备工艺研究”。完成研究生课题“宁肠汤对肝郁脾虚型 IBS 大鼠模型脑肠肽激素的影响”的实验及论文，先后在各级期刊上发表文章《宁心安神法对腹泻型肠易激综合征大鼠内脏高敏感性的影响》《宁肠汤对腹泻型 IBS 模型大鼠胆囊收缩素作用的研究》等。现参与浙江省研究生创新科研项目课题“降逆汤联合物理疗法对反流性食管炎的疗效及其机理的初步研究”，已做了大量的文献资料搜集及动物实验研究，在省级期刊上相继发表相关文章《中医药治疗反流性食管炎的实验研究概况》《反流性食管炎的临床研究概况》。通过动物实验研究以期能够更好地指导临床用药，进而能更好地发挥中医药在诊治胃肠动力性疾病中所具有的独特优势。

朱飞叶

【杏林步履】朱飞叶(1982—)，女，浙江省海宁市人。浙江中医药大学教师，中医内科学专业在读博士研究生。2001—2006 年进入浙江中医学院中医学(中西医结合临床)专业学习。2006—2009 年考入浙江中医药大学中医内科学专业消化方向攻读硕士学位，毕业后留校任教。现为世界中医药学会联合会消化病专业委员会会员。

【医学传承】2006—2009 年在第四批全国老中医药专家学术经验继承工作指导老师徐珊教授悉心教导和培养下，获硕士学位。2011 年始，在徐珊教授指导下，攻读中医内科学专业消化方向博士学位。

【学术研究】从事中医药防治脾胃病的基础及临床研究，主持厅局级课题 2 项，参加多项国家级和省部级科研课题，发表多篇学术论文，参与完成的“萎缩性胃炎脾虚证实验鼠细胞凋亡调控基因蛋白的表达”研究成果获浙江省科学技术三等奖。

一、基础研究——中医药调节胃肠运动功能的研究

中医学认为，气机升降失调是胃肠动力性疾病的主要病机。研究表明，中药能有效调节胃肠运动，恢复脾胃气机升降功能。

乐胃饮提取物是在导师徐珊教授多年临床经验乐胃饮汤剂的基础上经过现代制剂工艺提取而成。方中淮山药补脾气而益胃阴，培补脾胃，性质平和；薏苡仁健脾渗湿，性微寒而不伤胃，益脾而不滋腻；陈皮理气运脾，调中快膈，性温且燥而不烈。全方清补脾胃，健运中州，条畅气机。此方配伍精炼，力专效佳，充分体现了“健脾关键在运脾”主旨，切合胃肠运动功能障碍的主要病机——脾运失健，气机失调。其临床应用 30 多年，在治疗功能性消化道疾病上或单独使用，或与他方合用都取得良好的疗效。

离体实验表明，乐胃饮提取物对离体十二指肠和回肠运动的振幅、张力、频率均有明显的抑制作用，并且呈现一定的量效关系。整体实验表明，乐胃饮提取物中剂量组能明显抑制胃排空，高剂量组能抑制小肠推进，提示乐胃饮提取物可以缓解胃肠道痉挛，降低胃肠道的紧张性，从而调节胃肠道的运动。而高剂量组的胃排空率接近正常对照组，明显高于中剂量组和低剂量组，这可能是由于随着剂

量加大，乐胃饮提取物中山药和陈皮相互主导作用的结果。其可能的作用机制是通过胆碱能受体、肾上腺素能β受体介导，以及直接影响胃肠运动电生理活动而达到抑制作用。

二、临床研究——慢性胃炎中医证候的流行病学研究

915例慢性胃炎病例流行病学调查研究表明：

1. 慢性胃炎的证候、症状分布以实证和虚实夹杂证为主

其中胃脘部不适（包括胀满和各种性质的疼痛）出现900次，出现频率达98.4％。脾胃、肝胃相关的证候比例较接近，脾胃相关证仍是慢性胃炎的常见证候，而肝胃相关证候出现比例较前有所上升。单纯的脾胃虚弱证比例下降，在脾虚基础上出现的脾虚挟湿、挟痰即脾虚浊滞证比例上升。

2. 慢性胃炎证候分布与性别、年龄、饮食、情志、烟酒因素相关

在证候分布与性别关系的比较中，脾胃湿热证男性多于女性，与男性嗜酒、吸烟等比例高有关。各证候在46～55岁年龄段发病率较高，36～45岁与56～65岁年龄段次之，16～25岁年龄段发病率为6.6％，66～75岁年龄段的发病率为6.3％，表明慢性胃炎以中青年发病为多，肝胃不和证16～35岁年龄段发病率高于其他各证候，与现代青少年压力增大有关。饮食偏嗜、烟酒嗜好在脾胃湿热证中比例最高。情志因素在与肝郁相关的证候中比例较高。

3. 慢性胃炎证候虚实与胃炎类型、是否伴糜烂、肠化相关，与幽门螺杆菌感染无关

本次调查研究显示，慢性萎缩性胃炎和伴肠化多见于虚证和虚实夹杂证中，表明慢性萎缩性胃炎和肠化的本质是脾虚。实证、虚实夹杂证中伴糜烂者明显高于虚证，提示实邪是导致胃黏膜病变的一个原因。

管家齐

【杏林步履】管家齐(1972—　),男,安徽省定远县人。浙江中医药大学讲师、中医师。1992—1995年在安徽中医学院中医专业学习,毕业分配至安徽省滁州市中医院从事中医临床工作。1995—1999年拜中医王贵良为师。1999年入南京中医药大学,师从张名伟教授学习,同时受到沈继泽教授临床指导。2002年毕业分配至浙江中医药大学中药教研室,从事中药学的教学与研究工作。2011年考取浙江中医药大学博士研究生,师从徐珊教授学习。

【医学传承】1995—1999年师承安徽省滁州市名老中医王贵良,王老早年毕业于安徽中医学院,在滁州的中医界享有较高的声誉。从事中医临床工作60余年,对内科、妇科常见病及疑难杂病有着丰富的临床经验。1999—2002年在导师张名伟教授指导下,攻读临床中药学硕士学位,并随导师出诊抄方。其间经考试,获得执业中医师资格。从2011年开始在徐珊教授指导下,攻读中医内科学专业消化方向博士学位。

【学术研究】从事临床中药学教学与研究,主持和参加国家级和省部级等科研课题10多项,先后在《中国中医药科技》等杂志上发表《桂枝茯苓丸与桂枝水煎剂对前列腺增生小鼠影响的实验研究》《浙八味及其相关品种的产地变迁》等论文10多篇。指导学生在《中华中医药杂志》发表《蒋文照教授治疗脾胃病方药分析》等论文。

脾胃病证,脾胃虚弱,内有郁滞是其基本病机,临证必分型论治,继承前辈经验。

补虚、祛湿、调气是基本的治疗方法。脾胃是人体气血生化之源,元气之根本,人体一切生命活动和脏腑功能均依靠脾胃得以滋养。先天禀赋不足、劳倦过度、饮食不节、大病久病均能使脾胃虚弱。由于脾胃虚弱,纳运失司而化生食滞、湿阻、气滞和血瘀等实邪,故应健旺脾胃,脾胃健则不受邪。脾喜燥而恶湿,外湿困脾必致脾失健运,湿从中生,多因脾气虚弱,湿邪蕴结阻滞脾胃功能,故应燥湿化湿以健脾助运。脾胃居中焦,为全身气机升降之枢纽,脾主升清,胃主降浊,升降有序,则气机条畅。脾胃气机阻滞,上下不能相通而致湿阻、食积、火郁、痰积、血瘀等,故应调气理滞,使脾胃升降有序,纳运有度,使诸邪实无所生。

另外,在湿热内滞型脾胃病中,清热药和化湿药不分伯仲,清热祛湿并用。在气滞湿阻型脾胃病中，其症状时有出现咳痰，这是由于脾为生痰之源，肺为贮痰之器。因此，在这类病证中化痰止咳平喘药又是常用重用之品。脾胃气虚，则无力推行血液运行，血必因之而发生郁阻，脾虚不摄，则血不循经而溢于经外，虽经止血仍不可消散，蓄而为瘀；脾胃阴虚，阴虚生内热，热煎熬津液，血流黏稠，难以流通而成瘀，故活血化瘀药在气阴两亏型和脾虚胃弱型脾胃病中应用广泛。

再者，选取临床有效，现代研究证实也确有效果的单味中药如广木香、砂仁、香附、茯苓、厚朴、延胡索、薏苡仁、蒲公英、川萆薢、黄芪、黄芩、柴胡、藿香、佛手、浙贝母、旋覆花、葛根、丹参、酸枣仁等辨证应用，确能提高临床疗效。

徐发莹

【杏林步履】徐发莹(1981—)，男，山东省嘉祥县人。浙江医学高等专科学校讲师、杭州市滨江高教园区门诊部中医师。1998 年始在山东中医药大学中医系本科学习，2003 年考入浙江中医学院，攻读中医内科学专业硕士学位，2006 年毕业后，在浙江医学高等专科学校任教。2012 年考取浙江中医药大学博士研究生，师从徐珊教授学习。现任浙江医学高等专科学校模拟医院执行副院长。

【医学传承】2003—2006 年在导师徐珊教授指导下，攻读硕士学位，系统学习中医理论，从事科研及临证。学虽 3 年，但导师宽仁的处世态度，精湛的诊疗医术，耳濡目染，影响至深。硕士研究生期间，还有幸跟随全国第一批老中医药专家学术经验继承工作指导老师蒋文照教授门诊临证半载，其脾胃学术思想给予颇多启迪。从 2012 年开始在徐珊教授指导下，攻读中医内科学专业消化方向博士学位。在临床医学、康复医学专业学生中讲授“中医学基础”“中医养生与康复”等课程。

【学术研究】参与国家“十五”攻关项目“蒋文照学术思想及临证经验研究”和浙江省中医药科技计划项目“浙江省农村基层优秀中医成才规律研究”等研究。发表《试论脾阴》等学术论文 10 余篇，参与完成的科研成果“乐胃饮对实验性 FD 胃肠动力及应激能力的干预”获浙江省科学技术二等奖。

脾为后天之本，气血津液化生之源，脾脏要发挥正常的功能活动，必须促进脾阴脾阳的协调运动和相对平衡，即脾阴平脾阳秘的状态。因此，在诊疗脾胃系统疾病中，除脾气虚证、脾阳虚证外，尚须重视脾阴虚证的辨治。

一、脾阴的概念、生理功能

脾阴是与脾阳相对而言的，是对脾脏生理功能中有着濡养、成形和制约阳热那部分功能的一个概称，它和脾阳相辅相成，协调运动，共同完成脾的运化、升清和统血功能。脾阴的生理功能主要是与脾阳共主运化、升清和统血功能，具体表现在濡养、成形和制约阳热 3 个方面。

二、脾阴虚的病理表现

脾阴虚证是脾病辨证中的一个证候，也是脏腑辨证理论中的重要组成部分，它体现的是因脾阴的濡养、成形和制约阳热功能减退所致的运化失职，濡养无权，津血亏虚及阴虚内热的一种病理状态。所以认为脾阴虚的临床表现主要包含以下 3 个方面：

1. 表现在运化失职方面

脾主运化的功能是脾阴和脾阳共同作用的结果，正如近代医家唐容川所说："脾阳不足，水谷固不化，脾阴不足，水谷仍不化也。譬如釜中煮饭，釜底无火固不熟，釜中无水亦不熟也。"故脾阴虚可出现食欲减退，食后脘痞腹胀而喜按，大便不调（或干涩秘结，或溏薄不成形，次数增多，或先坚后溏）。

2. 表现在津血亏虚，濡养无权方面

临床以形体消瘦，神疲乏力，面色无华，皮肤与口唇干燥，甚则皲裂等为主要表现。

3. 表现在阴虚内热方面

临床以手足心热，口干，甚则口腔糜烂，反复发作，日久难愈，舌红少津，亦可出现红绛舌，或舌苔光剥，或少苔，脉细数等为主要表现。

三、脾阴虚证的治疗

对于脾阴虚证的治疗关键是恢复脾阴的正常功能活动，调整脾脏的阴阳平衡。至于其基本治疗法则，《内经》已经指出了方向。《素问·五脏生成》篇说："脾欲甘。"说明了补脾应以甘味为主，甘有甘温、甘寒（凉）、甘淡（平）等区别，然脾恶湿浊，淡能渗湿，故甘淡一法宜于滋养脾阴。《素问·刺法论》中"欲令脾实，气无滞，饱无久坐，食无太酸，无食一切生物，宜甘宜淡"则已经提出了补养脾阴的甘淡实脾大法。甘能补脾阴，淡能渗湿浊，甘淡相合，寓补于泻，补而不燥，滋而不腻，可见甘淡平补之法是符合脾脏生理特性的补养脾阴的大法。常用山药、茯苓、莲子、芡实、苡仁、石斛、扁豆等甘淡之品，其方剂可以胡慎柔的养真汤、缪仲淳的资生丸、吴澄的和中理阴汤、喻昌辉的益脾汤等参考应用。另外，还可以根据随症辨证，酌情选用一些益气、清热之品，如党参、太子参、知母、生地等。

聂红明

【杏林步履】聂红明(1976—),男,江西省新干县人。上海中医药大学副主任中医师,硕士研究生指导老师。1994 年考入井冈山医药专科学院中医专业,1997 年毕业后在江西省新干县沂江医院中医内科工作。2000 年考入浙江中医药大学攻读硕士学位,师从浙江省名中医徐珊教授。2003 年毕业后,考入上海中医药大学攻读博士学位。2006 年毕业后留上海中医药大学附属曙光医院肝病科工作,成为王灵台名中医工作室成员。2008 年入选为上海中医药大学后备业务专家,2010 年晋升为副主任中医师。2010 年入选国家中医药管理局中医传染病重点学科后备学科带头人。2011 年入选上海市青年科技启明星和上海市卫生系统优秀青年人才培养计划。2011 年成为上海市名中医陈建杰教授名中医工作室成员和学术继承人。现任中国中西医结合学会实验医学专业委员会青年委员,世界中医药学会联合会临床疗效评价专业委员会,上海市医学会感染病专科分会第八届委员会青年委员,上海市中医传染病专业委员会青年委员,国家“十一五”“十二五”攻关(科技重大专项项目)课题全国副组长,国家中医药管理局中医传染病重点学科后备学科带头人,国家临床重点专科(中医肝病)学术继承人,国家自然科学基金网络评审专家,国家中医药管理局中医肝病重点专科协作组秘书,国家中医药管理局传染病重点研究室研究骨干,上海市中医肝病临床中心秘书,上海市教委高校创新团体(中医肝病)骨干,上海市教委重点学科(中西医结合学科)骨干。

【医学传承】2000—2003 年在浙江中医药大学攻读中医内科学专业硕士学位期间,师从徐珊教授,主攻中医脾胃病。受其重视脾胃,健脾运脾的学术思想影响深刻,尤其是将固中州的学术思想运用到肝病的治疗,往往能得心应手,事半功倍。2003 年起在上海中医药大学攻读博士学位,师从上海市名中医王灵台教授,作为学术继承人,全面继承了王灵台教授补肾为主治疗慢性乙型肝炎的学术思想。2011 年起,入选上海市名中医陈建杰教授名中医工作室工作成员,成为其学术继承人。陈建杰教授重视健脾治肝的思想与徐珊教授调肝治脾的思想不谋而合。在上述名师指导下,逐渐成长,临床和科研能力不断增强,同时协助老师和本团队前辈指导博士研究生 4 名,硕士研究生 6 名,并受聘为上海中医药大学的硕士研究生指导老师。

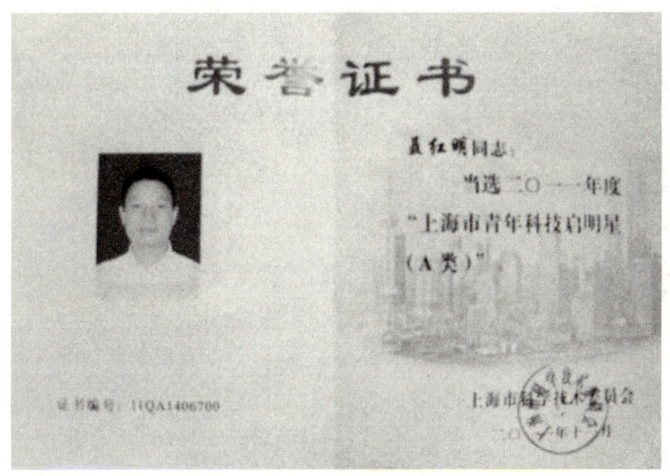

上海市青年科技启明星荣誉证书

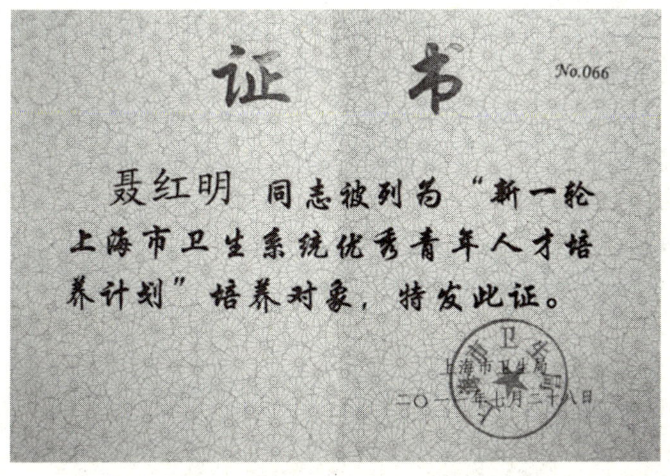

上海市卫生系统优秀青年人才培养计划入选证书

【学术研究】从事各种慢性肝病的中医药的基础与临床研究，主持和参与科研项目13项（国家级6项，市局级7项），第一负责人5项（包括国家自然科学基金、青年基金项目负责人）。发表学术论文25篇，获科技奖励5项，申请专利1项。参与完成的"乐胃饮对实验性FD胃肠动力及应激能力的干预""慢性胃炎脾虚证胃黏膜蛋白质表达相关性研究"等成果获浙江省科学技术二等和三等奖，"不同感染状态慢性乙型肝炎辨证论治治疗的临床疗效及其免疫机制""慢性乙型肝炎中医辨证规范和疗效评价体系的研究"等成果获上海市科学技术三等奖、上海市医学科技一等奖。从医15年，擅长内科常见病、多发病及疑难杂症的中医药诊治，特别是中医药诊治病毒性肝炎、脂肪肝、肝硬化、慢性胆囊炎、反流性食管炎、肠易激综合征、功能性消化不良等肝胆脾胃疾病，将肝脾同调、肝肾同源的学术思想灵活运用到各种慢性肝病的中医治疗，确为灵验。此外，对各种慢性肝胆脾胃病的中医药食疗和养生亦有独到之处。

1. 继承和发扬，在继承中寻求创新

通过跟师抄方和查房，从学术思想、理论基础和临床经验，全面总结导师学术经验。继承徐珊教授主张健脾胃固中州治疗脾胃病的学术思想，王灵台教授补肾法为主治疗慢性乙型肝炎学术思想，陈建杰教授健脾清肝治疗慢性肝病的学术思想，参与《王灵台肝病论治经验集》（上海科学技术出版社2009年）的编写。在继承徐珊教授、陈建杰教授学术思想基础上，将肝脾同调、肝肾同源的学术思想灵活运用到各种慢性肝病的中医治疗。在继承王灵台教授补肾法为主治疗慢性乙型肝炎学术思想的基础上，结合现代免疫学研究进展，从TH17和Treg、TH1和TH2相互间的极化与平衡，进一步探索补肾法的免疫学基础，并获得国家自然科学基金青年基金项目的资助。同时，从中医病因学理论上寻求补肾法治疗慢性乙型肝炎的理论基础，提出湿热疫毒内伏致肾虚的“伏邪”理论。并在该理论指导下，形成慢性乙型肝炎的临床中医辨证论治思维，使临床辨证论治思路更清晰。

2. 制定慢性丙型肝炎的中西医结合治疗方案

在明确慢性丙型肝炎的证候规律并制定慢性丙型肝炎的中医证候诊断标准的基础上，提出了慢性丙型肝炎的中西医结合治疗方案，尤其是难治性丙肝的中医治疗方案。

在国家“十一五”科技重大专项的资助下，首次通过全国多中心、大样本的流行病学调查，初步明确慢性丙型肝炎的证候规律并制定慢性丙型肝炎的中医证候诊断标准，该标准已通过专家论证，目前在全国推广应用。

在此基础上，摸索出了慢性丙型肝炎中西医结合的临床切入点，提出慢性丙型肝炎的中西医结合治疗方案，即“固定方结合辨证”的临床治疗模式。固定方的制定是基于对慢性丙型肝炎中医病机特点和证候规律的科学把握，即“邪恋正虚”的病机特点，疫毒内伏的“伏邪”病因理论。提出“解毒透邪”和“扶正托邪”的治法。该理论指导下的辨证论治，结合现代医学的标准治疗方案，通过多中心临床研究的论证，表明该治疗方案可将丙型肝炎的病毒阴转率提高9.84%，实现了中西医结合的协同抗病毒效应，明显高于传统的辨证论治方法。

此外，针对临床上大量出现的难治性丙型肝炎，拓展思路，进一步通过宿主的

IL－28B 基因多态性探索其原因。同时根据其临床证候特点，提出了难治性丙型肝炎的中医治疗方案，研究设计方案获得国家“十二五”科技重大专项、2011 年上海市青年科技启明星培养计划和 2011 年上海市卫生系统新一轮优秀青年培养计划的资助。

3. 构建中医药分阶段介入肝衰竭的有效治疗模式

在临床实践工作中，摸索出了一套治疗慢加急性肝衰竭的中西医结合治疗模式，提出中医药分阶段介入肝衰竭的治疗模式，即早期凉血解毒、清热化湿为主，中期以清热利湿、活血解毒为主，晚期以清热养阴、健脾益气为主。同时，中药灌肠贯彻始终。该治疗方案相比西医单纯治疗方案，可明显提高慢加急性肝衰竭的生存率。

4. 探索新发突发传染病的中医临床治疗方案

面对当前传染病发病特点和流行趋势，不仅原有的传染病有死灰复燃的迹象，各种新发突发传染病也时刻威胁人类健康。为促进中医药服务于临床能力的提高，发挥中医药防治传染病的传统优势，通过继续医学教育的学习，积极延伸感染科疾病的范畴，除了研究主攻病种病毒性肝炎外，开始探索关于经典传染病的复发和新发突发传染病的流行的中西医结合治疗。作为研究骨干和课题秘书，参与了国家中医药管理局行业专项关于乙型脑炎的研究项目和卫生部重大科技专项关于新发突发传染病的研究项目。全程参与了国家中医药管理局关于乙型脑炎中医治疗方案的制定、专家论证和最终审定，并负责起草了本单位乙型脑炎的中医药治疗方案。先后入选国家中医药管理局传染病研究室研究骨干和国家中医药管理局中医传染病学科的后备学科带头人。

5. 中药新药的开发研究

通过比较和评价临床常用的苦参制剂（山豆根注射液、苦参素、苦参碱等）的抗肝损害和抗乙肝病毒（HBV）作用，进一步对山豆根及其注射液的物质基础进行了深入探索。临床实践中发现，苦参制剂抗 HBV 作用有限，而降酶作用不仅仅限于其所含的生物碱成分。通过研究，进一步明确了临床常用苦参制剂的作用特点，为临床用药提供了有益的参考。同时对山豆根的物质基础进行了初步探索，研究表明，山豆根良好的降酶作用并非单一成分，而应该是多种成分在特定剂量下的最佳组合所展现的综合效应。这将为进一步开发山豆根中药新药提供了坚实基础，也为中药新药的开发提供了新的研究思路。该研究分别获得 1 项上海市自然科学基金和 2 项上海市卫生局课题资助，研究成果已发表学术论文 8 篇，申请专利 1 项。

6. 重新评价并率先对 HepG 2. 2. 15 细胞株对其体外分泌病毒蛋白和 DNA 的动力学进行再评价

HepG 2. 2. 15 细胞株是目前用于评价抗乙肝病毒药物疗效的主要细胞株，率先在国内对其体外分泌病毒蛋白和 DNA 的动力学进行了再评价，并首次报道了该细胞株体外分泌前 S1 抗原的动态变化，该研究结果发表在《中华传染病杂志》上。

杨　青

【杏林步履】杨青(1972—　),女,安徽省合肥市人。1990 年就读于安徽中医学院针灸专业,1995 年毕业后在淮南市中医院针灸科工作 4 年,时任针灸科主任。2000 年考入浙江中医学院攻读中医内科学专业硕士学位,2003 年毕业后留校在生命科学学院工作,2004—2010 年任生命科学学院办公室主任。

【医学传承】1995 年大学本科毕业后在淮南市中医院大内科病房与针灸科工作 4 年,在黄海主任医师的指导下努力学习临床知识,关心病人,以良好的医术和优秀的医德为医院赢得了声誉,被列入跨世纪中医药人才培养对象。2000—2003 年在浙江中医学院攻读硕士学位,师从徐珊教授。徐老师为人谦和,医术精湛,思维缜密,获益良多。随师在浙江名中医馆临证 3 年,并开展科学研究,提升了医术水平,开发了科研思维。

【学术研究】近 10 年来主要从事管理岗位工作,但仍然坚持在学术上孜孜以求。主持了校级课题 1 项,参与了省部级和厅局级课题 2 项,发表学术论文 5 篇,指导本科生论文 2 篇。作为主要完成人的 1 项成果获浙江省科学技术二等奖。

在临床中体会到“六腑以通为用”的理论,对于脏腑病证的治疗具有重要的指导作用。

六腑,即胆、胃、小肠、大肠、膀胱、三焦的总称。《玉篇》曰:“府,本也,聚也,藏货也。”府,即库府,是藏货谷物之处。六腑与五脏相比,多形态中空,功能以受纳腐熟水谷,传化精微,排泄糟粕为主。《灵枢・肠胃》篇有“六腑传谷”之说。《素问・五脏别论》曰:“六腑者,传化物而不藏,故实而不能满也。所以然者,水谷入口,则胃实而肠虚,食下,则肠实而胃虚。”《灵枢・本藏》篇曰:“六腑者,所以化水谷而行津液者也。”指出六腑能传化饮食水谷,使精微转输入五脏,将糟粕排出体外,而不使之贮留。故称为“实而不满”“泻而不藏”。即如《素问・六节藏象论》所说:“脾、胃、大肠、小肠、三焦、膀胱者,仓廪之本,营之居也,名曰器,能化糟粕,转味而入出者也。”《素问・五脏别论》亦云:“胃、大肠、小肠、三焦、膀胱,此五者,天气之所生也,其气象天,故泻而不藏,此受五脏浊气,名曰传化之府。此不能久留,输泻者也。”

由于六腑以传化饮食物,排泄糟粕为其生理功能,具有“实而不满”“泻而不藏”的功能。因此,正常情况下,六腑须保持畅通,以有利于饮食物的及时下传及糟粕的按时排泄。故曰："六腑以通为用""六腑以通为补"。正如《临证指南医案·脾胃》所说："脏宜藏，腑宜通，脏腑之用各殊也。"《类证治裁·内景综要》亦云："六腑传化不藏，实而不能满，故以通为补焉。"若六腑不通，则致饮食停滞，糟粕不泻，气机不畅，而见腹胀疼痛，二便不通等症。如食积胃脘，则脘胀疼痛，纳呆不饥，恶心呕吐；胆腑不通，则胁胀疼痛，纳呆食少等；大肠传导不利，则致大便秘结，腹胀疼痛等；膀胱闭阻，则见尿少尿闭，小腹胀痛等；三焦气滞，气化不利，则见水肿胀满，小便不利等病症。因此，六腑的功能特点以通畅为要。尽管六腑以通为主，六腑不通则为病，但若六腑通之太过，可引起各种病证。如大肠传导太过，则见大便稀溏，便意频频；若膀胱通之太过，则见尿频、遗尿，或小便失禁等症。因此，六腑当藏泻有度，太过或不及皆可引起相应病证。

"六腑以通为用"的理论，对于脏腑病证的治疗具有重要的指导作用。临床上，对于六腑病证，多用通利祛邪之法治之。如食积胃脘，则治以催吐祛邪，或消食、导滞之品；若胆腑不通，则治以利胆通腑之法；二便不通者，则应用利尿，或通便之法治之。见五脏实证，亦常用"脏实泻其腑"之法，泻其相为表里之腑，以达到祛邪已病之目的。如心火上炎，则用清心利小肠之药，使心之火热从小便而去；若肺热壅盛，肺气闭阻者，则以通腑泻热，通利大肠之药治之。同理"脏虚亦可补其腑"，六腑以通为补，建议在治疗脾虚等脏虚证的时候，可在治疗时间分段上先以通其腑数日，再行补脏之法，按阴、阳、气、血进行辨证施补，则在疗效与疗程上会收意外之功。

夏小芳

【杏林步履】夏小芳(1973—　),女,江西省南昌市人。杭州师范大学附属医院副主任中医师。1992年考入江西中医学院就读中医学本科,1997年毕业后在江西省弋阳县人民医院工作。2001年考入浙江中医药大学,攻读中医内科学专业硕士学位。2004年研究生毕业后在杭州市第四人民医院工作,采用中西医结合治疗肝病、胃肠道疾病等消化系统疾病,2008年调入杭州师范大学附属医院,主要从事各种类型肝病的临床和研究工作中西医结合治疗,目前为浙江省中医药学会会员。

【医学传承】2001—2004年在导师徐珊教授指导下,攻读硕士学位。徐教授行医40载,医术精湛,在中医药诊治消化系统疾病的基础与临床研究中颇有建树。在徐教授指导下,受益良多。目前医教工作10余载,平素谨记导师教诲,孜孜不倦,临床经验较为丰富,并且有一定的理论造诣,其中肝胆脾胃病尤为见长。目前临床带教杭州师范大学本科学生。

【学术研究】10余年来,潜心钻研医术,从事中医药诊治消化系统疾病尤其是肝胆脾胃病的基础研究与临床工作。主持和参加省市多项课题研究,成果获浙江省科学技术三等奖1项,并发表学术论文10余篇。临床擅长中西医结合诊治急慢性肝炎、肝硬化、脂肪肝、妊娠肝病等各种类型肝病。肝病患者经常出现脾胃功能严重失调,因此顾护脾胃对肝病的预后及转归起着举足轻重的作用,中医药诊治并调理各种肝病及并发多种消化道症状时显示出其独特的优势。

一、治肝调肝,理先固脾

《金匮要略》的"见肝之病,知肝传脾,当先实脾",表明肝病最容易影响脾胃的纳谷和运化,《内经》"厥阴不治,求之阳明""四季脾旺不受邪,五脏不足调之胃",亦为肝病防治之旨,只有正气盛,气血旺,免疫功能得到调控和增强,体内的疫毒才能被遏制和排除。现代医学在抗乙肝病毒治疗前提下,特别重视消化功能的改善,营养的吸收和能量的补给,以尽快恢复和健全肝功能,提高抗病毒能力和提高免疫力。

1. 健脾和胃

慢性肝炎病人,普遍有胃纳不佳表现,而气滞及胃阴不足者尤为明显,肝病多责之于脾,治疗上,首当从脾着手,在运用清热凉血解毒等药物时加用健脾补脾及和胃之品，除可改善患者腹胀、纳呆等消化道症状外，还可以增强抗病毒作用，这样既防肝病传脾，又防苦寒药、滋补肝肾药损伤脾胃，且能实脾助肝。助运脾胃的药还有利于药物的消化吸收，促进药物作用的充分发挥。在治疗肝病中常用燥湿健脾、理气和胃、温中健脾等治法，常用如香砂六君子汤、二陈汤、平胃散等。

2. 宣化畅中

根据湿热侵犯的部位以确定祛湿清热解毒的主要途径，湿热交结首先困阻脾胃，中焦枢机不利，上下不得通。因脾胃湿热，肝胆失于疏泄是发黄之本，故中焦首当其冲，必然受累，黄疸、纳差、恶心、厌油腻、乏力困倦、苔腻是其主要症状，黄疸偏于中上二焦者，除利湿外，应注意宣化畅中而散湿，以使邪从中上二焦化散。

3. 化痰利湿

慢性肝病患者的病因以湿热疫毒为主，慢性肝病之初当用利水渗湿药；肝炎伴泄泻，也宜从健脾利湿着手，以参苓白术散酌加羌、防之属；脾气不足，大便不实，中阳不振，可用振奋脾阳的附子理中汤。此外，脾胃与脂质代谢关系极为密切，参与脂质代谢中消化、吸收、合成、转运、代谢、分解、清除、排泄的全过程。治疗脂肪肝多从痰湿论治，脾为阴土，以健运为能，过逸、恣食则易伤脾，脾虚则生痰湿，但治脾不在补而在运，痰湿宜燥，方用平胃二陈汤加减。通过燥湿运脾化痰，升清降浊，可调理肝脏脂质代谢功能，从而起到降低血中脂质的效果。

二、疏肝柔肝，不宜伐肝

主疏泄是肝的主要生理功能之一，肝气受郁则疏泄不畅，进而由气及血以致肝络瘀阻，这是慢性肝炎的主要病理机转之一。治肝须用补，补肝须柔润，而破气攻伐之品不宜轻投。“夫肝之病，补用酸，助用焦苦，益用甘味之药以调之”，柔肝则宗仲景芍药甘草汤为主。疏肝应选择偏凉或微酸的药物，“木郁则达”，多配伍柴胡、郁金、薄荷三药，或一贯煎滋养肝阴而兼疏利，或合三仁汤清利湿热，宣畅气机，或配异功散实脾疏肝。肝阴得以柔养，肝气自能疏达，肝之疏泄正常，也有利于肝阴恢复。

三、肝胆脾胃，升发通降

一般认为急性肝炎之病机多属湿热蕴结脾胃，郁阻肝胆，治多以苦寒清利，凉血解毒为常法，但多数患者不但无效，药后病情还会加重，究其因，乃忽视了脏腑气机的升降出入，阴阳平衡之理。实际上，肝胆脾胃在人体气机的升降中起着重要的作用，肝脾之气皆升发，则一身之清气皆升；胆胃之气通降，则一身之浊气皆降。所以治疗上应使欲升者能升，当降者能降，不升者助之使升，不降者调之使降。《医学衷中参西录》明确指出："欲治肝者，当升脾降胃，培养中宫，中宫气化敦厚，以听肝木之自理。"因此，顾护脾胃是根本，脾升胃降，疏利肝胆乃为治疗肝病的根本大法。

四、肝病及脾，肝脾同治

肝病发病主要是湿热疫毒入侵和内蕴湿热相搏，湿热蕴结不解所致，病之损害，首推肝脏，继则肝病传脾，肝脾同病。现代实验研究证明，调补肝脾，肝脾同治有调控机体免疫功能，改善肝功能，促进肝脏修复等作用。对慢性迁延性肝炎的治疗中，在注重滋养肝肾的同时，需重视调理脾胃。慢性肝炎虽病变部位在肝，临床上若出现纳差、腹胀、便溏等脾胃功能失调的症状，这即是肝病及脾的临床表现，可给予加味异功散配伍砂仁、莱菔子等，调补脾胃，兼以理肝，脾得以健运，则肝病也易于恢复。慢性迁延性肝炎或活动性肝炎稳定期主要表现出肝脾两虚症状，须以补气健脾，养阴柔肝为治疗大法，前者主要以参苓白术散为主，后者主要以一贯煎为主或归芍六君子汤加减，既健脾又养肝。

总之，肝病之虚在中焦，肝病之实亦在中焦，初则湿热交蒸，继则寒热错杂，后则虚中夹实，升降出入之机紊乱而湿热弥漫三焦，乃其病机也。慢性肝病治以疏肝理气、和胃健脾、清热化湿、活血化瘀、清热解毒、滋养肝肾等诸法，然顾护脾胃对慢性肝病的预后及转归起着极其重要的作用。治疗慢性肝病时，保持脾胃功能的正常，补不恋邪，清不伤正，切忌长期大量苦寒药物损伤脾胃，以免病情加重。脾胃之气的强弱，为肝病传变的关键所在，顾护脾胃之气，为订立治法、遣方用药之重点。脾胃之气的盛衰，可以判定肝病的预后。

陈 燕

【杏林步履】陈燕(1977—),女,浙江省杭州市人。浙江省中医院主治中医师。1996 年考入浙江中医学院,就读国际针灸学本科,2002 年考入浙江中医药大学攻读硕士学位,2005 年研究生毕业后在浙江省中医院下沙院区从事体检中心及健康管理门诊工作。

【医学传承】2001—2004 年在导师徐珊教授指导下,攻读中医内科学专业硕士学位。徐教授行医 40 载,医术精湛,在中医药诊治消化系统疾病的基础与临床研究中颇有建树,在徐教授指导下,受益良多。2005 年获得硕士学位,平素谨记导师教诲,孜孜不倦,临床体检经验及健康管理经验较为丰富,并且有一定的理论造诣,其中治未病尤为见长。

【学术研究】工作 6 年来,潜心钻研医术,从事体检及健康管理工作,注重中医理论在临床实践中的应用,尤其重视调理脾胃对健康管理的重要作用。曾参与浙江省中医院 KY3H 治未病中心的成立及建设,并参与其中的门诊工作。发表了关于脾胃和健康管理的学术论文数篇,以及《血液灌流对重症急性中毒患者的影响》《青蒿琥酯诱导白血病细胞凋亡及机理的实验研究》等论文。在临床上,大量人群经常出现脾胃功能严重失调,因此利用中医药诊治并调理各种脾胃功能失调在健康管理中显示出其独特的优势。

一、《黄帝内经》的"治未病"理论体系及其基本内涵

《黄帝内经》内容博大精深,虽然明确出现"治未病"字样只有三处,但是关于"治未病"的内容却远不止于此,而是包含有未病先防、既病防变、病后防复几大方面,其中又以"未病先防"涉及最多。"未病先防"蕴含了现代预防学思想。其理论体系已经相对比较完善,例如有从形体健康角度论证:"是以圣人陈阴阳,筋脉和同,骨髓坚固,气血皆从。如是则内外调和,邪不能害,耳目聪明,气立如故。"有从心理道德角度论证:"是以圣人为无为之事,乐恬憺之能,从欲快志于虚无之守,故寿命无穷,与天地终。"有从饮食健康角度论证:"五谷为养,五果为助,五畜为益,五菜为充,气味合而服之。"

二、《黄帝内经》"治未病"理论对后世的影响及发展

张仲景虽不以养生闻名，然而其著作中始终体现着保健预防思想。《金匮要略·脏腑经络先后病脉证第一》一句"五脏元真通畅，人即安和"便概括了张仲景养生的核心思想。孙思邈提倡"喜养性者，治未病之病"。朱震亨在《格致余论·病邪虽实胃气伤者勿使攻击论专篇论》中论述重视保养胃气，以防疾病深入。李东垣对"治未病"很重视，《脾胃论》中指出："脾胃之气既伤，而元气不能充，而诸病所由生也。"认为脾胃乃治未病的根本。诸多温病学家将治未病的理论运用于温热病的治疗中，使温病"治未病"理论得以不断成熟，取得了进一步发展。在 2007 年 1 月 11 日全国中医药工作会上，时任国务院副总理的吴仪同志从历史和时代发展的战略高度，提出"要加强中医'治未病'工作"。工作重点之一要加强理论研究，加强中医"治未病"的传统理论内涵和现代机理研究，推动中医"治未病"的继承和学术发展。

三、现代体质学说

北京中医药大学体质研究课题组运用多学科交叉方法进行体质分类研究，发现了平和质、气虚质、阳虚质、阴虚质、痰湿质、湿热质、瘀血质、气郁质、特禀质 9 种基本体质类型，编制了《中医 9 种基本体质分类量表》，并制定了中国人群体质分类的标准化工具——《中医体质分类判定标准》，并在全国范围内推广应用。采用昆仑—炎黄健康中心的辨识技术，对 500 例人群进行体质分析，结果发现 9 种体质中，阳虚质的比例最高，这可能受年龄、居住环境、饮食习惯等影响所致。例如江南地区湿气较重，"湿胜阳微"，因而相对而言，人群中阳虚质的比率较高。

四、调理脾胃在特殊体质人群中"治未病"的地位和作用

脾有运化水湿的功能，脾虚失运，湿气代谢不出，留滞体内，形成湿邪而致病。湿有外湿和内湿的区分。外湿是由于气候潮湿或涉水淋雨或居室潮湿，使外来水湿入侵人体而引起；内湿是一种病理产物，常与消化功能有关。中医学认为脾有运化水湿的功能，若体虚消化不良或暴饮暴食，吃过多油腻、甜食，则脾不能正常运化而使水湿内停。同时脾虚的人易招来外湿的入侵，外湿也常困阻脾胃使湿从内生，所以两者是既独立又关联的。

在健康管理过程中，强调对脾虚的人群要多食清淡、清利、温性食物，应注意起居环境的改善和饮食调理，不宜暴饮暴食、酗酒，少吃肥腻食品、甜味品。并辅

以食疗，例如“三味薏米羹”配方，功效为健脾益气，化湿止带。在健脾的同时，也应重视顾护胃气。所谓胃气，即脾胃之消化吸收机能，在一定程度上代表了机体的抗病能力，说明胃气在人体的特殊重要性。因此建议健康管理对象早上第一餐食物，应该是享用热稀饭、热燕麦片、热豆浆 、芝麻糊、山药粥，配以面包、三明治、点心等。

杨敏春

【杏林步履】杨敏春(1979—),女,浙江省诸暨市人。浙江医院中医科主治中医师。1997—2002年就读浙江中医药大学中医学专业,2003—2006年就读浙江中医药大学中医内科学专业硕士研究生,获硕士学位。毕业后在浙江医院工作至今。

【医学传承】2003—2006年在导师徐珊教授指导下,攻读中医内科学专业消化系统疾病方向硕士学位。

【学术研究】主持完成浙江省中医药青年基金计划项目"不同中医证型MODS伴GIDF患者肠道黏膜屏障的对比研究"。参与完成国家"十五"攻关项目和浙江省中医药科技计划项目5项。发表《乐胃饮调整FD大鼠耐寒和常压耐缺氧能力的实验研究》《不同中医证型脓毒症内皮细胞功能的变化》《不同中医证型脓毒症血清一氧化氮的变化及其意义》《不同中医证型脓毒症血小板和胃泌素的变化》等论文多篇。参与完成的科研成果《乐胃饮对实验性FD胃肠动力及应激能力的干预》获浙江省科学技术二等奖。2006—2008年进入浙江省中西医结合重症感染专科,学习危重病合并严重感染患者的综合治疗,根据中医理论辨证施治,探索中西医结合治疗重症感染的有效途径。临床主治内科常见病特别是中医药诊治脾胃病及亚健康的综合调理等。

多脏器功能障碍综合症(MODS)是急救医学的重大课题,其中胃肠道功能障碍(GIDF)在MODS的作用逐步引起人们的关注。肠道不仅是MODS的靶器官,又是损伤的激发器官。在各种严重的病理打击下,机体的肠黏膜屏障功能受损,肠道内大量的细菌和内毒素经过受损的肠黏膜屏障入血,激活单核巨噬细胞系统,产生大量的细胞因子和炎症介质,导致失控性全身炎症反应综合征(SIRS)和MODS。

中医药独特的脏腑理论和临床疗效近年来逐步受到重视,为我们解决这一问题提供了新的思路。《灵枢·平人绝谷》篇曰:"胃满则肠虚,肠满则胃虚,更虚更满,故气得上下,五脏安定,血脉和利,精神乃居。"这种虚与满或实的更替变化特点,体现了胃腑的从上而下,以降为顺的运动过程。"六腑传化物而不藏",以通为用,只有胃气和降,才能保持腑道通畅,传导正常。

在这一理论指导下,脓毒症中医重点专科项目组开展了"不同中医证型MODS伴GIDF患者肠道黏膜屏障的对比研究""清热解毒通腑法治疗毒热内盛脓毒症的研究-多中心、前瞻性、随机、对照研究”一系列科研项目的研究。按照MODS伴GIDF入选标准选定病例，进行中医辨证分型，选用临床常见血证、热毒证、气阴两虚证、阳气亏虚证4种证型，参照GIDF评分方案给予评分，同时从胃肠动力、黏膜损害程度和通透性、肠道免疫功能三方面来测定胃肠道指标，分析各证型胃肠道指标的特点，确立不同证型病理生理基础，拟定基本组方，为规范化治疗提供实验依据。

一、病理生理基础

1. 血证与气阴两虚证

MODS评分在血证组时最高，较两种虚证者显著增高，而与热毒证比较差异无统计学意义，推测MODS评分可能对中医辨证和预后起到一定作用。血清谷氨酰胺(GLN)各证型组均高于对照组，阳虚组明显低于血证组与气阴两虚组。提示在MODS伴GIDF中，GLN可能作为中医辨证和免疫功能的一个研究指标，在肠内营养支持的时机和剂量应用上提供了新的思路。

2. 热毒证与阳气亏虚证

胃肠动力相关激素的释放机制十分复杂，以往结肠运动研究中认为P物质(SP)属兴奋性神经递质，而血管活性肠肽(VIP)属于抑制性神经递质。研究结果显示与对照组相比，热毒组SP水平升高，阳气亏虚组VIP水平升高。动态观察SP水平可作为MODS伴GIDF辨证的相关参考指标。在中医证型研究中，本类疾病可分为外感急症和内伤急症。热毒证属于阳证实证，以发热脉数等兴奋性表现为主；阳气亏虚证属于阴证虚证，以寒冷乏力脉沉等抑制性表现为主。这不仅又一次证明了中医“阴阳”与神经递质兴奋抑制的相关性，也可以推测在复杂的胃肠激素的释放机制中兴奋和抑制的主导地位。

二、辨证要点

MODS伴GIDF的临床表现症状不一，证候各异，临床辨证需注意以下要点。

1. 血证

以黑便或呕血，或伴腹痛，脉细数为辨证要点。

2. 热毒证

以发热，或伴神昏，便结不通或热结旁流，舌红苔黄燥，脉数为辨证要点。

3. 气阴两虚证

以神疲乏力，或伴低热，便干结或有便意而难解，舌红苔少，脉细数为辨证要点。

4. 阳气亏虚证

以形寒肢冷，面色皖白，乏力汗出气短，纳差或伴泛吐清水，舌淡苔白，脉沉细为辨证要点。

三、常用治法

1. 凉血散瘀法

用于血热证，方用犀角地黄汤加减，酌用大黄、三七。

2. 清热通腑法

用于热毒证，方用大承气汤加减。

3. 益气养阴法

用于气阴不足证，方用增液承气汤及生脉饮加减。

4. 温补脾肾法

用于阳气亏虚证，方用参苓白术散或参附汤加减。

四、施治心得

1. 急则通下止血

胃肠以通降为顺。大黄具有清热解毒、通里攻下、活血化瘀的功效。现代研究显示大黄具有促进胃肠蠕动，保护肠道黏膜，促进内毒素排出，减少细菌及毒素移位，抗炎抑菌，减少过量细胞因子产生，降低过度免疫反应，改善微循环，增加缺血脏器血流量的作用，并且可通过降低内毒素对内皮细胞、血小板等靶细胞的刺激能力，使细胞因子及炎症介质造成的损伤易于控制，从而使脏器功能得到逐步恢复。因而，大黄在 MODS 合并 GIDF 热毒证和血证中均可灵活运用。

2. 缓则温补脾胃

脾胃为后天之本，有胃气则生。研究显示，在 MODS 合并 GIDF 的患者营养及免疫功能上，阳虚证组表现尤为明显。通过温补脾肾，提高胃肠的消化吸收功能，除了能保护或恢复胃肠道黏膜的屏障功能，还能提高患者的免疫功能。临床中还发现，GIDF 虚证患者出现 MODS 后预后较差，提示不能一味使用清热通腑的治疗手段，需要在治疗过程中顾护胃气，以免攻下伤正。

陈慧丽

【杏林步履】陈慧丽(1980—)，女，浙江省杭州市人。杭州市第一人民医院中医师。1999—2004年就读浙江中医药大学中西医结合临床本科专业，2004—2007年在浙江中医药大学攻读中医内科学专业硕士学位，毕业后在杭州市第一人民医院工作至今。2010年参加杭州市卫生局中医药技能比武获“大医精诚”演讲比赛一等奖，2010年度被评为杭州市第一人民医院先进工作者，被杭州市号手办授予杭州市级“优秀青年岗位能手”称号。

【医学传承】2004—2007年在导师徐珊教授指导下，攻读硕士学位。徐珊教授从医40年，擅长内科常见病、多发病及疑难杂症的诊治，特别是中医药治疗胃肠动力性疾病具有明显的特色和优势。

【学术研究】跟随徐珊教授从事中医药诊治消化系统疾病的基础及临床研究，2004—2007年参加徐珊教授关于功能性消化不良的各项课题研究，曾发表《脑-肠互动机制与肠易激综合征发病的研究进展》《肠易激综合征中医治疗思路》《循证医学方法指导中医药治疗肠易激综合征的思考》《脾胃升降理论及其临床应用》《“魄门为五脏使”析义及临床应用》等论文。临床主要从事消化道疾病的中医药诊治，对于腹泻型和便秘型肠易激综合征、溃疡性结肠炎、反流性食管炎、小儿肝旺脾虚型消化不良等消化系统疾病的辨证治疗以及亚健康人群的食疗调理有一定的经验。

临床常见的消化道疾病，特别是功能性胃肠动力性疾病，运用中医药治疗，效果显著。根据中医辨证，从肝脾胃论治，以疏肝理气，健脾化湿，滋养胃阴为基本法则，条畅气机，疏通气血，平衡阴阳，调理脏腑。

一、病机分析与辨证治疗

1. 肝郁气滞，失于疏泄

《血证论·脏腑病机论》曰：“木之性主于疏泄，食气入胃，全赖肝木之气以疏泄之，而水谷乃化；设肝之清阳不升，则不能疏泄水谷，渗泄中满之证，在所不免。”长期焦虑抑郁，情志不舒，肝失条达，疏泄失职，乘脾犯胃。治疗用药重在疏肝解郁，常用柴胡疏肝散加减。

2. 脾胃气虚，湿困难化

《注解伤寒论》曰：“脾，坤土也。脾助胃气消磨水谷，脾气不转，则胃中水谷不得消磨。"脾司运化，主肌肉与四肢，恶湿，宜升。诸种因素导致脾气虚弱，运化功能长期低下，摄入的水谷不能转化为精微物质而荣养周身，内聚为湿。湿为阴邪，易伤阳气，使已虚之脾气愈加严重，反过来又使湿邪更为壅盛，如此恶性循环，致脾愈虚，湿愈盛，湿困难化。治疗当补脾治本，兼除湿治标，常用参苓白术散、香砂六君子汤加减。

3. 胃阴不足，失于和降

《血证论·脏腑病机论》曰："胃者，仓廪之官，主纳水谷。"饮食不节，过食辛辣燥热煎炸火烤之品，热积于胃，胃失濡养，导致胃阴不足；或吸烟饮酒过量而化热，耗伤津液，导致胃阴损伤；或外感燥邪，暑热汗出过多，温病热病导致胃阴被耗；或者久病肝肾阴虚，引起胃中阴液不足，造成胃阴虚损；生活节奏加快，人的情绪长期处于焦虑状态，导致肝郁，郁久化热，郁热犯胃，灼伤胃阴。治疗当以滋养胃阴，生津润燥为原则。临床常用益胃汤方、沙参麦冬汤和五汁饮。

二、临床体会

1. 脾升胃降乃关键，临床常健脾、疏肝、益胃合用

脾属脏，胃属腑，同居中焦，互为表里。胃主受纳腐熟，以通降为顺。脾主运化转输，以升为健。脾与胃一升一降，共同完成水谷的消化吸收。脾胃互相联系，升降相因，燥湿相济。临床治疗消化系统疾病，除了辨证治疗，还要注意气机通畅，常用升麻配枳壳、降香。另外，健脾、疏肝、益胃法常合用，并非单用。

2. 食疗以健脾为主

日常食疗提倡"淡养脾阴"，应以甘淡性平质润不燥的植物类食物，如粳米、山药、甘薯、薏苡仁、芡实、莲子肉、扁豆、大枣、蜂蜜等。脾虚的患者常嘱配合食疗，脾胃乃后天之本，无论何种疾病，脾胃功能是第一位的，平时饮食就要兼顾到这一点。

谭　涛

【杏林步履】谭涛(1980—　),男,山东省潍坊市人。浙江武警总队医院主治中医师。1999—2004 年就读于山东中医药大学,获学士学位。2005—2008 年就读于浙江中医药大学,获硕士学位。2008 年至今就职于浙江武警总队医院。

【医学传承】2005—2008 年在导师徐珊教授指导下,攻读中医内科学专业硕士学位,主攻中医药诊治消化系统疾病的研究。

【学术研究】主要从事中西医消化系统疾病的临床及研究,参与浙江省科技计划项目"肠易激综合征兔模型的建立及其乐胃饮的干预"的研究,该研究成果获浙江省科学技术二等奖,发表学术论文 3 篇,擅长功能性消化系统疾病的中医药治疗。

中医药治疗功能性消化系统疾病有其独到之处,调气、运脾是治疗功能性胃肠病的关键,主要可从以下方面入手。

一、顺应脾胃生理特性,纠正气机失调为调气的目的

脾为阴土,喜燥恶湿,宜升、宜温、宜补;胃为阳土,喜润恶燥,宜降、宜清、宜泄。根据脾胃特性因势利导,投其所好,祛其所恶。针对气机的异常改变,逆向调整,如陷下者治以提升用补中益气汤,上逆者治以沉降用旋覆代赭汤,不足者治以补益用黄芪建中汤,郁结者治以疏达用柴胡疏肝散。在选药上也应有针对性,如:柴胡、升麻、川朴花、薄荷、郁金等多上行,厚朴、沉香、香附、陈皮、旋覆花等多下行,青皮、檀香、乌药、枳实等善行散,绿萼梅、佛手、香橼、娑罗子等偏于疏肝宽中。

二、升降配伍,相反相成是调气的大法

升降似阴阳一般,为矛盾的统一体,非升何以言降,无降难以谈升。两者只有相济相辅,升降成因,气才能流通顺畅。升降配伍首推仲景所创的苦辛配伍之法,此法来源于《伤寒论》的诸泻心汤,以黄连、黄芩之苦寒配干姜、半夏之辛温。此苦寒非单纯清热泻火,而是以苦寒泄降;辛温亦非纯粹祛寒燥湿,而是辛温通阳。后世师其法,凡寒热错杂、升降失调均用此种配伍能使气机流通,恢复中焦升降枢机之机能。

三、注重通降，以通为和是调理脾胃气机的关键

一谈到调理气机升降，大多以升脾之清阳为主，其代表是金元的李东垣。东垣在升降问题上着重于生长和升发，认为只有脾气生发，才能生机活跃，用药喜柴胡、升麻之类。然生发固然重要，通降亦不能忽视，所谓浊阴不降，清阳不升，体内瘀浊阻滞，气机难以调达，饱胀、腹痛、呃逆、泄泻、便秘等症随之而生。用现代医学解释，胃肠动力减弱则胃排空、肠蠕动均减弱，使代谢不畅郁阻于肠道内，从而产生一系列病症。通过疏通，肃清体内浊毒，有利于恢复胃肠正常的功能。通降之法适用于各类脾胃疾病，对于胃气不降是为逆向调整，对于脾气不升是为升降相因，对于实证是为疏通阻滞之邪，对于虚证是为促进消化吸收。

四、轻灵缓和的药物是调气的首选佳品

脾胃虽不似肺般娇嫩不耐寒热，但胃乃人体之“太仓”，食物、水饮、药物无不受纳于胃。脾胃发生疾病时脾胃已是病变之所，较平时容易受损，所以不适合应用辛香燥烈，气味不佳之品，以防耗脾气、损胃阴。脾胃疾病理气应选用川朴花、绿萼梅、佛手、甘松等清香而不烈，行气而不峻的药物。此类方药轻清灵动，调和通达，胃易受纳。当然如属气机郁滞较甚的病症亦可酌情选用部分功用较强的理气药，但总以顾护胃气为本。

五、佐用疏肝理气和胃之品

肝属木，属阳，其性升发，其气易实；脾属土，属阴，其性坤静，其气易虚；胃属阳土，属阳，以通为顺，以降为和。无论肝实还是脾胃虚，都会出现“木乘土”的现象，另胃气不降时多上升，肝气逆而为病。而且肝气的疏达是全身气机通调的关键，所以脾胃疾病多佐以疏肝理气的药物，尤以佛手、绿梅花、玫瑰花、香橼等疏肝和胃又不至于破气伤正的药品为佳。

晋丽君

【杏林步履】晋丽君（1981— ），女，山西省阳城县人。杭州市江干区人民医院住院中医师。1999—2004年就读于山西中医学院，2004年本科毕业。2005年考入浙江中医药大学中医内科学专业，攻读硕士学位。2008年毕业后在杭州市江干区人民医院工作。

【医学传承】2005—2008年在导师徐珊教授指导下，攻读硕士学位。徐珊教授在中医药诊治消化系统疾病方面有独到之处。在学业和人生上的悉心指导，获益匪浅，受益终身。

【学术研究】硕士在读和工作期间主要从事中医药诊治消化系统疾病的研究，侧重于中医药治疗肠易激综合征、慢性胃炎、反流性食管炎、消化性溃疡、慢性结肠炎等疾病。参与浙江省科技计划项目“肠易激综合征兔模型的建立及其乐胃饮的干预”的研究，且已发表相关论文，该研究成果获浙江省科学技术二等奖。

肠易激综合征（IBS）是临床上最常见的一种胃肠功能紊乱性疾病，表现为一组包括腹痛、腹胀、排便习惯和大便性状异常、黏液便、持续存在或间歇发作而又缺乏形态学和生化学异常改变的症候群。根据临床表现的不同，可分为腹泻型、便秘型和腹泻便秘交替型，临床上以腹泻型多见。

目前，IBS的病因及发病机制尚未完全阐明。国内外有文献报道胃肠激素（一氧化氮和P物质）和氧自由基（丙二醛和超氧化物歧化酶）与IBS的发病呈相关性。硕士学位论文《肠易激综合征兔模型的建立及其乐胃饮的干预》通过建立脾虚型IBS兔模型进行研究，结果表明：脾虚型IBS兔一氧化氮（NO）、一氧化氮合酶（NOS）、P物质（SP）、血清丙二醛（MDA）含量明显增高，血清超氧化物歧化酶（SOD）活力明显降低，均与文献报道一致。

在IBS治疗方面，西医主要采用对症治疗，这些治疗只能暂时缓解症状，不能从根本治愈，远期效果不佳，且容易产生耐药和毒副作用。而中医通过辨证论治治疗IBS显示了其独特的优势，且中药是经过炮制加工的天然植物，毒副作用小，疗效确切，远期效果好。

腹泻型IBS属中医“泄泻”“腹痛”范畴，主要病因病机为脾虚湿盛，肝脾失调，脾虚为本。治疗重点在于健脾化湿，疏肝理气。脾主运化，胃主受纳，若因长期饮食失调，劳倦内伤，久病缠绵，均可致脾胃虚弱，不能受纳水谷和运化精微，水谷停滞，清浊不分，混杂而下，遂成泄泻。临床上可用中药复方乐胃饮加减治疗脾虚泄泻型 IBS，颇有疗效。乐胃饮是徐珊教授根据多年临床经验总结出来的治疗脾虚型 IBS 的经验方，针对腹泻型 IBS 脾虚为本的关键病机特点。方中怀山药甘平，归脾经，补脾气益胃阴，为培补脾胃，性质平和的药物；薏苡仁甘淡，归脾胃经，健脾渗湿，性微寒而不伤胃，益脾而不滋腻，是清补利湿之佳品；陈皮辛苦温，归脾经，健脾疏肝理气，更体现了"健脾关键在运脾"的思想。诸药合用，共奏健脾化湿，疏肝理气之功，与腹泻型 IBS 的病因病机相一致。实验研究结果表明，乐胃饮能明显降低脾虚腹泻型 IBS 兔血清 NO、NOS、结肠黏膜 SP、血清 MDA 含量，提高 SOD 活性，说明乐胃饮能够有效调节 IBS 兔体内胃肠激素和氧自由基的表达，这是乐胃饮治疗脾虚型 IBS 的可能作用机制。

在临床上，腹泻型 IBS 以脾虚为本，但泄泻之证，还需辨别病因，审因论治。

如症见大便时干时稀，或大便先干后溏，或精神紧张则腹痛而泻，泻后痛减，或排便不爽等，多由于平素脾胃虚弱，复因情志影响，肝气郁结，横逆犯脾，肠道气机不畅，传化失常所致，属于肝气乘脾，肝脾不调，药选柴胡、白术、白芍、木香、陈皮、香附、薏苡仁等。如症见腹痛泄泻，泻而不爽，粪色黄褐而臭秽，肛门灼热，多因湿热内蕴，大肠传化失常所致，属于脾胃湿热，药选黄连、黄芩、木香、厚朴、砂蔻仁、大腹皮等。如症见久泻不止，或黎明泄泻，或完谷不化，伴有畏寒肢冷等，多因脾虚不能健运，肾虚失于温煦，属于脾肾阳虚，药用白术、党参、附子、干姜、木香等。

王 丽

【杏林步履】王丽(1981—)，女，河北省石家庄市人。浙江中医药大学附属第二医院主治中医师。2000年考入河北医科大学中医学院针灸推拿系攻读学士学位。2006年以优异成绩考入浙江中医药大学，攻读硕士学位，获得“首届仲景奖学金”“省级优秀毕业生”等多项荣誉称号。2009年硕士毕业后就职于河北省秦皇岛市工人医院。2011年调入浙江中医药大学附属第二医院，并于同年获得主治中医师资格。

【医学传承】2006—2009年在浙江中医药大学徐珊教授指导下，攻读中医内科学专业硕士学位。徐珊教授医德高尚、医术精湛，擅长内科常见病、多发病及疑难杂症，对中医药诊治急慢性胃炎、胃与十二指肠溃疡、反流性食管炎、慢性结肠炎、肠易激综合征、消化不良等有独到之处。

【学术研究】从事中医药诊治消化系统疾病的研究，参加科研课题4项，目前在研项目1项，发表学术论文5篇。临床擅长治疗消化内科常见病、多发病，并体会到，脾胃气虚而生“阴火”，在临床颇为多见。

一、“阴火”的涵义及证候特点

阴火论是李东垣最著名的理论，亦为后世医家争论较多的理论，此理论来源于《素问》“阴虚生内热”的学术思想，而其所述阴火论的主要精神为“脾胃一伤，五乱互作，其始遍身壮热，头痛目眩，肢体沉重，四肢不收，怠惰嗜卧，为热所伤，元气不能运用，故四肢困怠如此”。后世医家将阴火概括为饮食不节、劳逸过度、精神刺激等因素综合作用引起脾胃气虚而导致的内伤发热，是由于脾胃气虚，气机失常，致三焦气机失司所致。“阴火”主要为内伤发热，症状主要表现为两方面：一是脾气不足的证候，如气短乏力、面色萎黄、神疲肢倦、嗜卧、大便泄泻等；二是阴火上冲的证候，如身热烦渴、浑身燥热、头痛面热、胃中热、手心热、四肢发热、耳鸣耳聋等。

二、脾胃气虚而生“阴火”

脾胃为人体后天之本，气血生化之源，脾胃功能正常是人体各种生理功能维持正常的重要保障。由于饮食、情志等因素导致脾胃内伤，气血不足，阳气阻遏，火郁于中，或脾胃虚弱，阳气不升，伏化阴火。脾胃气虚，气不摄津，津液不足，脾胃津亏燥热。脾胃气虚，气血生化不足，心失去阴血滋养，导致心火亢盛，阴火内生。同时，水谷精气化生无力，不能滋养肾精，引起肾阴不足，肝肾相火因而亢盛，此引起肝肾相火之阴火内生。另一方面，若内伤脾胃，脾胃气虚，不能升发，无以出上窍，发腠理，实四肢，而变成湿浊之邪下流，闭塞其去，因邪无出路，只能逆而上行，化为阴火上冲，乘其土位，而出现更为明显的阴火证候。下流之湿，闭塞其下，则郁遏下焦阳气的升发运行，而化成阴火。脾湿下注，在一般情况下，只不过是清阳下陷，然而在脾湿下流的同时，其下闭塞，脾湿不能外泄，滞留不去，久而成郁，则化为阴火。

三、气虚火旺，气机郁结，“阴火”由盛

脾胃为一身气机之枢纽，调理上下气机，使升降顺畅。正常情况下，脾胃健旺，元气充足，全身气机调畅。当脾胃虚弱，中气不足，中焦不能正常运行，生命中枢失健，不能主一身气机之升降，则脾不能升清，胃不能降浊，进而影响到三焦气机升降出入，气机郁结，脾虚气衰，调理气机之力愈弱，郁结愈甚，阴火由盛。

四、甘温除热，不离益气升阳

阴火的产生既然是脾胃气虚所致之内热火邪，那么其治疗方法当然有别于其他原因所致之发热，李东垣认为“内伤不足之病，苟误认作外感有余之病，而反泻之，则虚其虚也。”创益气、升阳、泻火法治疗阴火，代表方剂为补中益气汤。然东垣并非独用甘温除热之法，而全盘否定滋阴甘寒之剂，反之却提出“阴火”病证的治疗需在甘温益气的同时，兼用甘寒泻火之剂，以治其标，同时兼用风药而助升阳气，所谓“惟当以甘温之剂 ，补其中 ，升其阳 ，甘寒以泻其火则愈”。

石灯汉

【杏林步履】石灯汉(1976—),男,浙江省乐清市人。乐清市人民医院中医内科住院中医师。1998 年浙江中医学院首届中药学专业本科毕业,后在乐清市人民医院中药房从事中药调剂工作,2006 年考取浙江中医药大学中医内科学专业硕士研究生,2009 年获硕士学位。毕业后回乐清市人民医院从事中医内科门诊,并负责各病区的中医会诊工作。

【医学传承】1998 年本科毕业后在乐清市人民医院中药房从事中药调剂工作,对中医学有浓厚兴趣和执着的热爱,业余时间勤读《名老中医之路》《伤寒论》《本草纲目》等中医书籍。拜本院副主任中医师李振洲先生为师,利用休息时间跟师抄方学习。李先生是乐清较有名望的中医前辈。2006—2009 年在浙江中医药大学徐珊教授指导下,攻读硕士学位,侍诊抄方两年多时间。2009 年毕业后回乐清市人民医院,又跟李振洲先生抄方学习 4 月余,负责医院中医本科实习生及中医见习生的教学工作。

【学术研究】临床工作刚刚起步,所幸有导师徐珊教授的谆谆教导,引领我更快更好地步入中医殿堂,在临床上有所收获,且会不懈努力。

一、功能性消化不良的治疗经验总结

温州地区气候比较潮湿,人们的饮食习惯又多喜好海鲜,喜喝凉茶、啤酒等偏凉饮食,加之瓯越之人,体质较为单薄,故寒湿、湿热之证较为多见,常表现嘈杂呕恶,脘胀纳呆,口中气秽或口淡无味,大便黏腻秽臭,更衣不爽,小便色黄,舌苔厚腻。属于功能性消化不良、慢性胃炎等范畴,采用促动力药,制酸剂,消化酶等治疗,未能取得较好的疗效。运用中医辛开苦降,芳化淡渗之法,则多有效验。方选蒿芩清胆汤、三仁汤、厚朴夏苓汤增减。其中黄连、黄芩、焦栀子、厚朴等苦寒清热燥湿;半夏、苍术、杏仁、白豆蔻、砂仁等辛温降逆;藿香、佩兰、石菖蒲、紫苏叶、木香、大腹皮等芳香化湿僻秽,行气消滞;茯苓、六一散、芦根、薏苡仁、车前草等淡渗利湿,湿去则热孤。一般三五剂即可见效,之后见舌苔转薄净,可用香砂六君子、参苓白术散健脾化湿,缓治其本,以巩固疗效。同时嘱患者平素宜饮食清淡,忌肥甘厚腻,多食冬瓜米仁粥。若赴宴饮酒后可吞服 3～6 克的香连丸,亦有利于消除饮食不节引起的消化道症状。

二、小儿肠系膜淋巴结炎的临床治疗经验

小儿腹痛，在排除急性阑尾炎、肠梗阻、肠套叠、腹型紫癜等急腹症的前提下，肠系膜淋巴结炎是首先要考虑的常见病因之一。通过问诊了解发病前有无呼吸道或胃肠道感染病史，腹部触诊等体格检查，结合超声探查，肠淋巴结炎所致腹痛可以明确诊断。徐珊教授认为，该病可归属于中医“腹痛”“痰核”“积聚”等范畴，其诱因多为中焦湿热，血瘀气滞痰结，不通则痛，故治疗应以清利湿热，调和肠胃为主，兼以活血散结，行气止痛。基础方：红藤、生薏苡仁、浙贝母、生牡蛎、姜半夏、姜竹茹、木蝴蝶、醋元胡、木香、厚朴花、佛手、乌药等。抽掣阵痛加小茴香、九香虫，或芍药甘草汤缓急止痛；泻必腹痛，泻后得缓者合痛泻要方；脾胃虚弱者合理中丸；兼有饮食积滞者合保和丸；兼泄泻加炮姜、肉豆蔻。一般患儿服药三五天，腹痛就能明显缓解，通过两三周的治疗，超声复查肿大的肠系膜淋巴结明显缩小或消失。

沈 勤

【杏林步履】沈勤(1970—)，女，浙江省杭州市人。浙江中医药大学副教授。2004 年 7 月毕业于浙江中医药大学中医学专业，获学士学位，2011 年获硕士学位。1988—2000 年在浙江省中医院从事临床护理工作，2000 年 11 月起，在浙江中医药大学护理学院从事护理教学工作。2005 年晋升副教授，现任浙江省中医药学会护理分会委员。

【医学传承】2008—2011 年在导师徐珊教授指导下，作为高校教师攻读中医内科学专业硕士学位。在全日制及成人教育学生中主讲“中医护理学”等课程。

【学术研究】从事中医药诊治消化系统疾病的基础与临床研究及中医护理研究，主持和参加省部级、厅局级等科研课题 20 多项，“中医特色护理健康教育研究”等成果获浙江省中医药科技进步二等奖。发表学术论文 30 多篇，编写教材近 10 部。开展宁肠汤(灵芝、钩藤、柴胡、酒白芍、当归、茯苓、炒防风、陈皮、炒川连)治疗肠易激综合征的实验研究。采用慢性束缚应激＋夹尾刺激法诱导肝郁脾虚证 IBS 模型大鼠，造模成功后，将大鼠随机分为模型对照组、得舒特组和宁肠汤低、中、高剂量组，分别给予生理盐水、得舒特混悬液及低、中、高剂量的宁肠汤，给药 14 天。给药前后分别观察大鼠一般情况、体重增长率、HE 染色病理形态学观察、小肠运动功能、内脏敏感性、胃肠激素、5－HT 及 SS 水平。实验结果表明：① 慢性束缚＋夹尾刺激后大鼠小肠转运效应明显增加，结肠黏膜病理学观察无明显组织学改变，在不同扩张容量下，模型大鼠 AWR 评分显著增加($P<0.01$)，提示其内脏敏感性增加，符合 IBS 临床特点，从而成功模仿人类 IBS 慢性内脏感觉过敏。② 宁肠汤各组均能抑制束缚应激大鼠亢进的小肠转运，降低 IBS 大鼠内脏的高敏感性，改善痛觉过敏，以高剂量组作用最为明显。③ 宁肠汤各组对束缚应激致肝郁脾虚型大鼠脑肠肽激素 SS、5－HT 具有调节作用，能够降低血清 5－HT 水平，升高 SS 水平，其中以高剂量组的作用最肯定。从实验结果看，宁肠汤能明显改善大鼠小肠转运功能及内脏敏感性的异常，高剂量组的治疗效果优于低、中剂量组及得舒特组，能明显降低肝郁脾虚型 IBS 大鼠血清 5－HT 的含量，升高 SS 水平，有效调节 IBS 大鼠体内脑肠肽激素水平的异常。本实验结果一方面更加肯定了宁肠汤确为治疗肝郁脾虚型 IBS 的有效方剂，另一方面也揭示了此方治疗 IBS 的作用机制，其治疗机制可能在于药物作用于“脑-肠轴”的某一部分，如通过

中枢途径影响病人对疼痛的感知，从而改善脑-肠交通障碍，使肠道功能紊乱趋于恢复，使脑-肠之间不良的相互作用趋于终止，而诸症自除，其具体机制有待于进一步观察和研究。

孙 梅

【杏林步履】孙梅(1962—),女,浙江省杭州市人。浙江大学医学院附属二院主任中医师。1985 年毕业于浙江中医学院中医系中医学本科专业,同年进入浙医二院中医科工作。1999—2002 年在职就读浙江中医药大学研究生班,获硕士学位。2011 年晋升为主任中医师。2005—2008 年列入浙江省卫生厅“浙江省中青年临床名中医培养”计划项目,2009 年荣获“浙江省中青年临床名中医”称号。

浙江省中青年临床名中医荣誉证书

【医学传承】1984—1985 年本科毕业实习期间,跟随杭州市中医院名老中医何少山、杨少山临证学习,奠定良好基础。1985 年入院工作后,在鲍军主任指导和支持下,通过临床的探索和实践,努力巩固专业知识。1989 年在上海中医学院附属曙光医院中医内科进修学习。1993 年开设中医消化专科门诊,以脾胃病为主攻方向,开展临床和实验研究。1999—2002 年攻读中医内科学专业硕士学位,徐珊教授为导师,在其指导下完成学业。2005—2008 年作为浙江省中青年临床名中医培养对象,跟师第三、四批全国老中医药专家学术经验继承工作指导老师连建伟教授学习,受益匪浅。

【学术研究】从事中医药诊治消化系统疾病的临床、科研和教学工作,主持和参加科研课题 7 项,发表 SCI 论文及国内一级刊物论文 10 余篇。临床 26 年,能熟练运用中西医两套理论知识对内科常见病、多发病及疑难杂症进行有效诊治。临床实践中以中医中药为重点，将传统的中医理论与现代临床检测手段和治疗用药相结合，特别是对急慢性胃炎、功能性胃肠疾病、胃食管反流病、脂肪肝、颅脑损伤后的脾胃病变等证的治疗积累了临床经验。通过多年的临床观察，认为运用半夏泻心汤加减治疗慢性胃炎，只要遵循辨证施治的原则，根据病情灵活加减化裁运用，就能收到较好的疗效。

慢性胃炎在临床上十分常见，发病率在各种胃病中占居首位，占胃镜检查病人的80%～90%，并随年龄增长发病率逐渐增高。慢性胃炎的病因尚未完全阐明，临床上缺乏特异性症状，症状的轻重与胃黏膜的病变程度并非一致。大多数病人常无症状或有不同程度的消化不良如饭后饱胀、上腹部隐痛、嗳气，或伴有食欲减退，恶心反酸等。诊断主要有赖于胃镜检查和直视下胃黏膜组织检查，确诊主要靠病理学检查。治疗目前尚无特效疗法，能找到病因的予病因治疗，临床上往往病程迁延，症状容易反复发作，中医药治疗有其特色和优势。

中医学认为本病的发生与饮食不节、情志失和、寒温失调、脾胃虚弱有关，各种致病因素往往互相关联，如饮食不节，导致脾胃损伤，脾胃不健又易为饮食所伤。肥甘厚味，酿生湿热，湿热内聚，则为痰浊之源，最能阻碍气机的畅通等。病理有虚实之分，以邪实为主，由外感六淫或内因食、气、痰、湿等所致；以正虚为主，多为脾胃虚弱，阳衰阴伤而致。虽病因繁多，但其病位皆在心下，即胃与脾。其发病机制多由脾胃素虚，内外之邪乘而袭之，使脾之清阳不升，胃之浊阴不降所致。

慢性胃炎一般分为寒邪客胃、饮食停滞、肝气犯胃、肝胃郁热、瘀血停滞5种实证证型，胃阴亏虚、脾胃虚寒2种虚证证型。但各类证型往往不是单独出现或一成不变，临床上虚实夹杂，寒热并见者较多。究其原因，一则本病由胃及脾，脾胃喜恶相反，脾胃同病则见本虚标实，寒热错杂。二是虚怯之地易受邪，脾胃不健则易为饮食所伤，为六淫所感，为情志所累，故气滞血瘀、湿热痰凝等实邪常与脾胃气虚、胃阴不足等正虚相兼夹。由于本病病机错综复杂，临床以虚实夹杂、寒热交织居多，很难固定于某一证型，因此治疗上应寒热并投，补泻兼施，理气和胃，消痞散结，方能切中病机，收到疗效。

半夏泻心汤是张仲景调和肠胃的著名方剂，“呕而肠鸣，心下痞者，半夏泻心汤主之”。这是《金匮要略》对半夏泻心汤方证的经典描述。这是由于寒热互结于中焦，脾胃升降失司，中焦气结则心下痞，胃不和降则呕，脾失升健则肠鸣泄泻。治疗上“不必治其上下，而但治其中”。半夏泻心汤由三组药组成：半夏、干姜是一组，黄芩、黄连是一组，人参、甘草、大枣是一组。针对寒热互结，半夏、干姜两味药温中祛寒湿，黄芩、黄连既是清热，也能祛湿，而中焦之所以寒热互结，关键还在于胃气虚，虚就要补，用人参、甘草、大枣补益脾胃，扶正祛邪。全方配伍特点在于辛开苦降顺其升降，寒热并用和其阴阳，攻补兼施调其虚实，切中本病病机。

慢性胃炎临床表现差异较大，胃胀胃痛无明显规律，临床运用半夏泻心汤，应当根据辨证寒热轻重来调整辛开苦降两组药物的用量。若患者热偏重，痞满明显，口苦口干，舌苔黄腻，苦降药物黄芩、黄连的量可以加重一点，以清泄胃热。若患者寒偏重，出现肠鸣下利，舌苔白腻，辛开药物半夏、干姜的量可以加重一点，以温中化饮。而胃气不虚，人参（党参）可以不用。临床辨证加减运用如下：寒甚重用干姜 9 克，加吴萸 6 克；热甚重用黄连 9 克，加蒲公英 15～30 克；痛甚加莪术 12 克，乌药9 克，白芍 12 克；湿重加苍术 15～30 克，薏苡仁 15～30 克；气滞加香附 12 克，厚朴 9 克；血瘀加丹参 15 克，郁金 15 克；脾虚重用党参 15 克，加山药 15～30 克，或合四君子汤；阴虚加沙参 12 克，麦冬 9 克；泛酸加乌贼骨 30 克；纳差加焦三仙各 12 克；便秘加大黄9 克，厚朴 6 克，枳壳 12 克。

半夏泻心汤按照方剂学的分类，属于和解剂，称为“调和肠胃”“调和寒热”。和即调和，是调节失调的气血阴阳，使脏腑气血阴阳归于平衡。脏腑的调和应当是治疗的最佳结果。慢性胃炎的治疗，患者要有规律的生活起居，尤其是现代人的生活节奏和工作压力，使得情志上的调和更为重要，只有内外调和才能达到最好的治疗效果。

总之，慢性胃炎迁延顽固，不易速效，一旦辨证得法，必须守方守法，持之以恒。临床上只要不离开本病病机是正虚邪实，寒热互结，升降失常，辨证准确，运用半夏泻心汤加减治疗都能获得满意的疗效。这除了临床辨证加减治疗体现了中医的优势外，可能与现代药理研究半夏泻心汤能显著改善胃动力，保护胃黏膜，促进损伤黏膜和腺体的再生和修复及止泻作用有关。因而本方也被广泛运用于消化系疾病中，值得推广。

胡　炜

【杏林步履】胡炜(1963—　),男,浙江省衢州市人。浙江中医药大学附属第三医院(浙江省中山医院)主任中医师,浙江中医药大学兼职教授。1980年考入浙江中医学院,1985年毕业后在衢州市人民医院从事中医临床工作,2011年7月调入浙江中医药大学附属第三医院中医内科,任科主任。1999—2003年在职就读浙江中医药大学研究生班,获硕士学位,2003年晋升为主任中医师。2003年评为浙江省衢州市学科带头人,2010年评为浙江省衢州市名中医。担任浙江省衢州市保健委员会干部医疗保健专家。2012年入选第三批"全国优秀中医临床人才"培养计划。现任浙江省中医药学会理事、浙江省中西医结合学会风湿病专业委员会委员等。

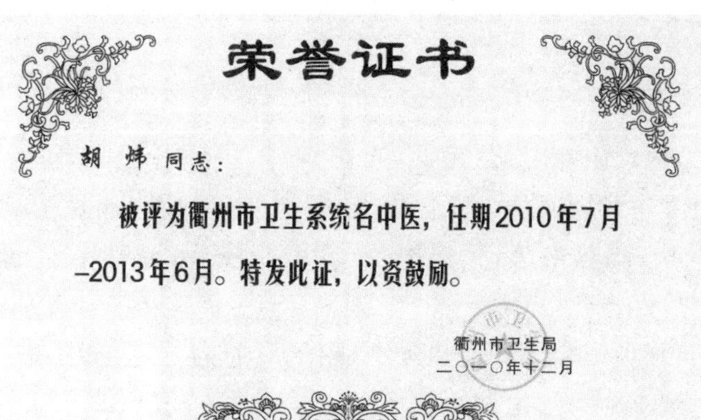
荣誉证书

胡炜同志:

被评为衢州市卫生系统名中医,任期2010年7月-2013年6月。特发此证,以资鼓励。

衢州市卫生局
二〇一〇年十二月

衢州市名中医荣誉证书

【医学传承】1980—1985年就读于浙江中医学院,聆听名师传道授业,奠定坚实的中医基础。1999年—2003年在导师徐珊教授指导下,攻读中医内科学专业硕士学位,获益良多,影响至深。

【学术研究】从事中医临床工作,倡导中医治未病学说,运用中医药预防感冒、冬令进补和"四时养生",采用中医药对急重症进行抢救,开展了急性重症胰腺炎近10年的专题研究和治疗。主持和参加地市级等科研课题6项,"中西医结合治疗腹腔恶性肿瘤术后胃瘫综合症的研究"获衢州市科技进步三等奖。主持省级Ⅰ类继续教育项目"重症急性胰腺炎的中西医治疗进展"1项。发表学术论文10

多篇，其中 1 篇获浙江省衢州市自然科学优秀论文奖。

从医 28 年，擅长内科常见病、多发病及疑难杂症，特别是中医药诊治急性重症胰腺炎、急慢性胃炎、胃与十二指肠溃疡、反流性食管炎、肠易激综合征、慢性结肠炎、溃疡性结肠炎、腹腔恶性肿瘤术后胃瘫综合征、便秘、肝胆胰等消化系统疾病；对咳嗽、中风、心脑血管病、风湿病、男性不育症、前列腺疾病、妇儿常见病等的诊治也每获良效，对亚健康的综合调理等有独到之处。作为主要技术骨干，参与国家中医药管理局“十二五”重点专科“预防保健科”的申报工作。

急性重症胰腺炎，根据其临床表现，属中医“胃脘痛”“结胸”“阳明腑实”等范畴，如《金匮要略》曰：“按之心下满痛者，此为实，当下之，宜大柴胡汤。”《伤寒论》曰：“结胸热实，脉沉而紧，心下痛，按之硬者，大陷胸汤主之。”“舌上燥而渴，日晡所小有潮热，从心下至少腹硬满而痛不可近者，大陷胸汤主之。”这些论述颇似胰腺炎的症状和体征。依六经辨证而论，属少阳阳明病。主要临床表现为痛、热、呕、黄、舌苔黄厚腻，辨证属实证、热证、里证。

一、病机认识

本病病机为痰食阻滞，湿热蕴结，毒热炽盛，导致肝胆脾胃功能紊乱，气机升降失调，湿热阻于中焦而发病。气血瘀滞，不通则痛，故腹痛拒按；肝胃不和，胃气上逆，则恶心呕吐；湿热内蕴，阻遏中焦，则腹胀满闷；腑气不通，运化失司，则便秘。证属里实热证。

急性重症胰腺炎以实热或湿热蕴结，腑气不通为主证，如正虚邪陷，则出现气血逆乱之厥证；脾胃热盛，化火则深入营血，可致热深厥深；胃火化热，可迫血妄行。若热水相结，则结胸里实；热血相搏，瘀血腐脓或血结成块；病久正伤，可兼有耗阴伤阳之候。上述气郁、血瘀、邪结、热盛和厥逆等主要病理环节可相互兼杂或转化，这与现代医学的机能失调、梗阻、炎症、血运障碍及中毒性休克等变化的认识基本一致。

二、病机特点

中医学对其病机特点的认识可概括为：① 热毒是急性胰腺炎发生的基本病机；② 血瘀是急性胰腺炎病机演变的必然；③ 脾胃功能紊乱，通降失调，腑气不畅存在于急性胰腺炎发展的始终。

三、常用治法

急性重症胰腺炎多为脾胃实热证，热、结、瘀是本病的主要环节，以腑实疼痛为主症，根据“六腑以通为用”“不通则痛”“痛随利减”等理论，治宜清热解毒，通里攻下，活血化瘀，理气止痛。具体方法如下：

(1) 用布缝制成 40 cm×22 cm 大小的布袋 2 个，每袋装芒硝 500 克，均匀平铺于上腹部，每 12 小时更换 1 次，连续外敷 7～10 天。

(2) 生大黄 50 克研末，开水冲泡至 150 ml，分 4～8 次鼻饲，中间夹管 15 分钟，连用 3 天。

(3) 清胰合剂：柴胡 10 克，郁金 10 克，厚朴 10 克，莱菔子 15 克，枳实 10 克，炒黄芩 10 克，焦山栀 10 克，胡黄连 10 克，蒲公英 30 克，生大黄(后下)15 克，玄明粉(冲服)10 克，姜半夏 10 克，丹参 15 克，赤芍 10 克，玄胡索 10 克。水煎服，每天 1 剂，早晚分 4 次，每次量 50 ml，口服或经胃管内注入，夹管 1～2 小时，每天 3～4 次。

(4) 生大黄 30 克，红藤 30 克，败酱草 20 克，赤芍 10 克，蒲公英 30 克，水煎取 200 ml灌肠，在生大黄泡服后大便仍未解或服用汤剂后连用 3 天。

四、施治心得

单纯的西医治疗，主要采用抑制胰液分泌，抑制胰酶活性，解痉止痛，纠正水电解质平衡紊乱，抗感染，以及支持治疗。其主要表现腹痛、腹胀、呕吐等症状缓解不明显，而联合中药治疗，可有效改善临床症状，缩短住院天数，减少并发症的发生，降低血、尿淀粉酶等相关指标。早期急性重症胰腺炎尽可能非手术治疗已成共识，对于非手术治疗和手术治疗、手术指征、手术时机意见已趋一致。而非手术治疗采用中西医结合疗法是当今治疗急性重症胰腺炎的最有效方法之一。目前大多主张在“个体化治疗方案”指导下，按病因、病期进行综合治疗。根据上述认识，结合临床表现，以清热解毒，活血化瘀，攻下通腑为治疗大法。

急性重症胰腺炎除胰腺局部病理变化外，尚有明显的全身病理生理改变，由于目前治疗水平和重症监护技术的提高，急性重症胰腺炎早期的低血容量性休克、水电解质平衡紊乱以及由此导致的肾衰等均能得到及时纠正，已很少导致死亡。而随后发生的多脏器功能障碍综合征则成为死亡的主要原因，主要由于急性胰腺炎时炎症反应过度达到失控的状态和感染即肠道细菌移位所引起。其严重的局部并发症包括胰腺坏死、胰周脓肿形成等，全身并发症包括败血症、休克、急性呼吸窘迫综合征、多器官功能衰竭、糖尿病、消化道出血 24 小时大于 500 ml 等。治疗上充分发挥中医药的优势，在西医的综合治疗基础上，运用中医治则，拟定清胰合剂，以截断病程，防病传变。

中医药在急腹症所致多器官功能障碍综合征的防治中取得了良好效果，应用通里攻下法保护肠屏障、减少细菌和内毒素移位，并能对重要生命器官起到保护作用，其确切的疗效显示了广阔的前景。

清胰合剂方中大黄可用于严重创伤、大失血、感染、休克、心跳和呼吸骤停、中毒、低氧血症和多器官功能衰竭等多种危重患者的全身炎症反应综合征病程，在未出现急性胃黏膜病变和肠麻痹、急性肝损伤、急性肺损伤之前应用，有预防作用。柴胡、郁金、厚朴、莱菔子、枳实疏肝理气，能显著减少胃液和胰液的分泌，且有利胆作用，使奥狄括约肌松弛，有利于清除胰腺梗阻和降低压力；黄芩、焦栀子、蒲公英、胡黄连清热燥湿解毒，有明显的广谱抗菌作用；大黄、玄明粉通里攻下，能增强肠蠕动，改善胃肠功能和降低毛细血管通透性，从而解除肠麻痹所致的胀气和瘀滞状态；姜半夏则降逆止呕，消痞散结；丹参、赤芍、延胡索活血化瘀，通络止痛。

急性重症胰腺炎全身严重并发症发生的原因虽然较为复杂，但若在早期积极有效阻断多器官功能衰竭的进程，保护重要脏器的功能，则可提高急性重症胰腺炎治愈率。

采用中西医结合疗法治疗重症急性胰腺炎全身炎症反应综合征期，在常规治疗基础上加用清热解毒，理气活血攻下中药，明显改善了症状体征，降低了血尿淀粉酶的水平，通过整体调节，提高了临床疗效。近年来，中医药治疗急性胰腺炎已取得了众多研究成果，有待进一步深入探讨其作用机理，为中医药治疗提供可靠的依据。

陈诚豪

【杏林步履】陈诚豪(1970—),男,浙江省义乌市人。浙江省义乌市中医院肛肠科主任,主任中医师。1988—1993 年在浙江中医学院中医系中医专业学习,1993 年毕业后在浙江省义乌市中医院肛肠科工作。1999 年起在职就读浙江中医学院研究生班,2002 年获硕士学位。2011 年晋升为主任中医师。现为中国中医药学会肛肠分会常务理事、青委会副主任委员,浙江省医学会肛肠分会委员,浙江省中医药学会肛肠分会委员等。

【医学传承】1999—2002 年在浙江中医学院就读在职研究生,师从徐珊教授,获硕士学位。

【学术研究】从事中医肛肠科工作多年,在肛肠科痔、瘘、裂、脓肿、肠炎、便秘、大肠肿瘤等方面有专长,对于中医药治疗消化系统疾病如急慢性胃炎、胃与十二指肠溃疡、慢性结肠炎、消化不良、胃癌术后等病变及亚健康的综合调理方面也有独到之处。主持完成市级课题 1 项。在国家级及省级杂志发表《木香通理汤治疗 PPH 术后常见并发症的临床研究》《耳穴贴压配合针刺防治 PPH 不良反应的临床观察》《中药熏洗合剂治疗吻合器痔上黏膜环切术后并发症的疗效观察》《自拟溃结汤治疗慢性溃疡性结肠炎 46 例》《溃结汤治疗慢性非特异性溃疡性结肠炎临床研究》《吻合器痔上黏膜环切术治疗重度痔疮临床研究》等学术论文 10 余篇。

一、中药熏洗合剂治疗吻合器痔上黏膜环切术后并发症

吻合器痔上黏膜环切术后常见并发症有疼痛、出血、肉芽生长、肛门水肿。中药薰洗治疗术后并发症是物理温热与药物双重作用融为一体,利用热力使中药直接作用于病变局部,药液中特有成分可透过皮肤而发挥药理作用。中药熏洗合剂(苦参 20 克,大黄 20 克,黄柏 20 克,秦艽 20 克,白鲜皮 20 克,冰片 3 克,五倍子 20 克,当归 20 克,乳香 20,芒硝 30 克)具有清热解毒,除湿消肿,活血祛痕,消肿止痛作用。其中,五倍子、白鲜皮等药抗菌、镇痛、消炎、抗血栓形成;芒硝、黄柏清热消肿。中药薰洗治疗借助温热,使皮肤附属器如汗腺、皮脂腺等开放,促使排除代谢产物和消除炎性致病因子,增强药物穿透、吸收功能,迅速减轻或消除疼痛。五倍子所含的鞣酸,可使蛋白凝固,血管收缩,有效止血,且有一定的抑菌作用。中药薰洗肛周可以促进组织温度升高,促使毛细血管扩张,血流加速,改善血循环,增

加新陈代谢速度，促进组织修复和增强白细胞吞噬活力，促使代谢产物的吸收或随温热作用汗出使疼痛肿胀等症状较快改善。

二、木香通理汤治疗 PPH 术后常见并发症

PPH 术后常见并发症主要是疼痛，坠胀，出血和尿潴留。西医主要采取抗感染、止痛、止血的局部治疗，效果并不理想。PPH 术的核心在于环形切断直肠黏膜并吻合断端，从中医病因病机角度分析，在借助吻合器祛除疾病的同时，也对机体造成损伤，导致病变。PPH 吻合器破坏了肠道经络的连续性，导致气机郁滞。全身气机的通调主要与肝、脾、肺有关，故病位虽在肠，实则在肝脾肺。湿热之毒是痔病主要致病之邪，临床辨治多须兼顾。PPH 术后并发症的基本病机是气机郁滞，本质是由吻合器外伤和(或)肝气郁结而致，临床辨治 PPH 术后并发症，应以通调肠络为主，理肝脾肺气为辅，兼顾清化湿热之毒。木香通理汤(木香 9 克，槟榔 9 克，枳实9 克，枳壳 9 克，青皮 9 克，陈皮 9 克，乌药 9 克，连翘 6 克，黄柏 6 克，黄芪 12 克，川芎 9 克，当归 9 克，牛膝 9 克，生甘草 6 克，姜枣适量)以木香为君，《本草纲目》言其“乃三焦气分之药，能升降诸气”。枳实、枳壳、槟榔、乌药、大腹皮、青陈皮等为臣，理气解郁，顺调气机，青皮尤能疏肝破气以治肝气郁结，条达全身气机；连翘、黄柏为臣，清热燥湿解毒。佐以当归、川芎，养血行血，寓补于泻之中，且能润理气药之辛燥；佐以黄芪补气扶正，气血双调，又防诸药辛散耗气。使以甘草、姜枣，引经调和。诸药配伍泻中有补，燥中有润，共奏通络理气，条畅气机，解毒清热之效。

三、溃结汤治疗溃疡性结肠炎临床研究

溃疡性结肠炎是一种病因机理尚不十分明确的结肠炎症性疾病，本病的病变主要发生于结肠的黏膜，是以发生于结肠的弥漫性黏膜炎症和溃疡性病变为特点的慢性疾病。本病主要症状有：腹痛，腹泻，黏液脓血便，里急后重，严重可有发热，消瘦，贫血等。溃疡性结肠炎病程迁延，病情轻重不一，常反复发作。本病可见于任何年龄，以青壮年为多见，男性稍多于女性。本病的发病可能与患者结肠上皮的生理状态，肠道共栖菌群，肠道感染，免疫反应，遗传因素，精神因素，溶菌酶等因素有关。本病治疗上西药无特效药，主要是柳氮磺胺吡啶，激素等。溃疡性结肠炎在中医学属“肠风”“泄泻”“肠澼”“滞下”“痢疾”“久泻”“脏毒”等范畴。病因与六淫邪袭(以暑、湿、寒、热较为常见，尤其是湿热之邪)，饮食所伤(饮食过量、肥甘、生冷、不洁，损伤脾胃)，情志失调(烦恼郁怒，或忧郁思虑，肝气不舒，脾

失健运)及禀赋不足(脾胃虚弱,命门火衰)等有关。病机是本虚标实,虚实夹杂。中医辨证分型主要分为湿热内蕴型,气滞血瘀型,脾肾两虚型,阴血亏虚型4型。溃疡性结肠炎初病发作期多实,久病缓解期多虚,本虚责之于脾、肾气虚或阳虚,标实责之于湿热壅滞,气滞血瘀。本病初期多实,以湿热内蕴型最为多见,气滞血瘀型相对较为少见。久病多虚,以脾、肾气虚最为多见,阴血亏虚型相对较为少见。应用溃结汤(党参、黄芪、白芍、黄连、白头翁、补骨脂、石榴皮、肉豆蔻、炒白术、秦皮、黄柏、干姜、甘草、生地榆)治疗溃疡性结肠炎取得了一定的疗效,与西药相比,显示出优势。方中白头翁汤清利肠道湿热之邪,为治疗热毒赤痢之主药。黄连、黄柏苦寒,清热燥湿治痢,秦皮苦寒而涩,清热燥湿,断下止痢。党参、黄芪健脾益气;炒白术苦甘温,健脾益气,燥湿和中。干姜大辛大热,温中祛寒,以温补脾胃;补骨脂辛苦大温,补命门之火,以温养脾土;肉豆蔻辛温,温脾暖胃,涩肠止泻,配合补骨脂,则温肾暖脾,固肠止泻之功相得益彰。石榴皮涩肠止泻,白芍缓急止痛,生地榆功可收敛,解毒,凉大肠,止赤痢并水泻。甘草调和诸药,缓急止痛。诸药共用,合奏清热利湿,温补脾肾,涩肠止泻,止痛止血之功。

现代研究表明,白芍能改善大脑皮质的紊乱状态,具有解痉、镇痛、消炎和双向调节免疫功能作用。黄连抗菌、抗病毒、抗原虫、抗炎,同时能兴奋或抑制平滑肌,从而达到解痉,镇痛之目的。其中,黄连还具有解热和调节机体免疫的功能。党参、黄芪可以双向调节机体免疫功能,可以认为是一种中药免疫调节剂。另外,两药合用能显著增强网状内皮系统吞噬功能,黄芪还有抗溃疡作用。甘草抗炎、抗免疫、抗溃疡、解痉镇痛。补骨脂调节细胞免疫和体液免疫。白头翁、黄柏、秦皮有明显的抗菌作用,白头翁还能抑杀阿米巴原虫和阴道滴虫。干姜抗菌、解热镇痛。石榴皮含鞣质,既能收敛涩肠作用,还可抗菌、抗病毒、抑制多种真菌。白术对非特异性免疫功能及特异性免疫功能均有增强的作用,可以升高外周白细胞,增加网状内皮系统的吞噬功能,促进细胞免疫功能,增强体液免疫的功能。

溃结汤的治疗作用主要表现为以下两个方面:① 促进组织修复功能;② 免疫调节功能。黄芪可使细胞的生理代谢增强,促进血清和肝脏蛋白质的更新。溃结汤可能有促进组织修复功能,从而使治疗后患者的结肠黏膜恢复正常。溃疡性结肠炎的发病与自身免疫功能失调特别是免疫球蛋白分子功能失调有关。胃肠免疫学理论认为,IgA、IgM、IgG与溃疡性结肠炎病变过程有着十分密切的关系,可能是溃疡性结肠炎形成过程中,参与免疫反应的重要免疫物质。研究表明,IgA能防止细菌在黏膜细胞上附着,阻止源于食物及药物中变态反应原性分子进入体内;IgM则在机体受到抗原刺激发生体液免疫应答时,首先产生并参与免疫反应。

因此免疫球蛋白在溃疡性结肠炎发病与痊愈过程中具有重要的作用。研究发现，西药治疗前后血清免疫球蛋白无明显变化，而溃结汤治疗前后血清免疫球蛋白水平有显著变化，说明溃结汤具有调节免疫功能，有治本作用，通过调节免疫功能，可使异常免疫反应中止，有利愈合，也有利于减少复发。本研究也表明，免疫球蛋白分子变化，可以作为溃疡性结肠炎治疗及判断预后的指标。

马伟明

【杏林步履】马伟明（1957—　），男，浙江省余姚市人。余姚市中医医院院长，主任中医师，浙江中医药大学兼职教授。1979 年考入浙江医科大学宁波分校中医班，1982 年毕业后分配至余姚市中医医院工作。1996 年毕业于浙江中医学院 3 年制函授专升本。2000 年起在职就读浙江中医药大学研究生班，2003 年获硕士学位。2004 年晋升为主任中医师。2008 年评为宁波市名中医。2009 年先后评为全国基层优秀中医和浙江省基层名中医。现为浙江省中医药重点专科建设项目中医胃病专科学科带头人、浙江省中医药学会脾胃病分会第二届委员会常务委员、宁波市中医药学会常务理事、宁波市中西医结合学会第一届消化内科专业委员会副主任委员、余姚市中医学会会长等。

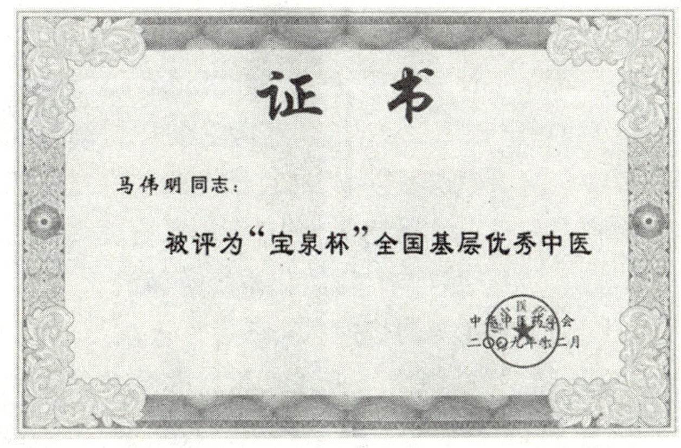
证书

马伟明同志：

被评为"宝泉杯"全国基层优秀中医

全国基层优秀中医荣誉证书

【医学传承】1984 年赴湖州市中医院进修，随全国老中医药专家学术经验继承工作指导老师朱承汉侍诊抄方。1999—2001 师从第四批全国老中医药专家学术经验继承工作指导老师王晖侍诊抄方。2000—2003 年在导师徐珊教授指导下攻读硕士学位。诸多师长的教诲使其学术上受益匪浅，以王晖、徐珊两位师长影响最深，两位师长饱览医籍，学验俱丰，医学典籍背诵如流，且智悟发挥，用于临床效验如鼓应桴。尤其导师徐珊教授思路开拓创新，启蒙以科研方法，在他的精心指导下，逐渐形成和完善脾胃病的研究方向与思路。带教 2 名宁波市名中医学术经验继承人，其中 1 名获"余姚市优秀中青年人才"称号。

No.000012

浙江省
基层名中医

证书

姓名 马伟明
性别 男
出生年月 1957年8月
工作单位 余姚市中医医院
从事专业 中医内科
技术职称 主任中医师

浙江省卫生厅
二〇〇九年十月

浙江省基层名中医荣誉证书

【学术研究】从脾胃病角度研究中医药治疗消化系统疾病及糖尿病的方法和作用机制，主持和参与浙江省卫生厅科研项目4项。“红藤愈萎养胃汤治疗慢性萎缩性胃炎作用机制的研究”“瘦素、胰岛素样生长因子Ⅰ与阴虚热盛、气阴两虚型2型糖尿病的关系”“转化生长因子β1及受体与肝胃不和、瘀毒内阻型胃癌关系的研究”获浙江省中医药科学技术三等奖。“红藤愈萎养胃汤对癌前病变血清胃癌相关抗原MG7、胃蛋白酶原表达的影响”通过结题验收。在各级各类杂志发表论文30余篇，获宁波市自然学科优秀论文奖1篇，出版著作2部。从医30年，擅长内科常见病、多发病及疑难杂症诊治，对消化系统疾病治疗尤有心得，如治疗胃黏膜萎缩、肠上皮化生、异型增生等胃癌前状态获得良效。

从医30年来经过从师学习，领悟中医经典和临床摸索，形成了治病必治气，治气贯穿于治疗所有疾病始终的观点。《易·系辞传·上》曰：“精气为物。”孔颖达疏：“精气为物者，谓阴阳精灵之气，氤氲积聚而成万物也。”气抱阴而负阳，阴阳相激，产生动能，气流衍行，新陈代谢，繁复交替，众相纷呈，《论衡·自然》曰：“天地合气，万物自生。”《素问·宝命全形论》：“天覆地载，万物悉备，莫贵于人。人以天地之气生，四时之法成。”人生成之后，又必须通过气的升降出入与大自然进行气交，吐故纳新，才能维持生命活动，完成生长壮老已的生命过程，即形亦气，神亦气。气蒸腾以为阳，泌精以为阴，生血以运血，生命活动斯须不离于气。《经》曰，“百病生于气”，气病百病始生，气病伴随整个疾病的过程，故曰：治病独言于气。若能深谙治气之法，便是医家圣手。尤其脾胃位居中州，一升一降，维系着全身气机，为气机之枢纽，脾胃病治气尤为紧要。

一、燮理中焦，药应轻灵，以花类最宜

脾胃为后天之本，脾宜升则健，胃宜降则和，脾喜燥而恶湿，胃喜润而恶燥，生理上一正一反，相辅相成。中焦气机升降有序，维持全身气机的升降出入有常，是人体和自然界气交的一个最重要的窗口，每日运化饮食任务尚重，且一旦受病，脾胃失和，运化之力受损，饮食尚难运化，若用药性味厚浊燥烈之品调其气，恐厚浊之品碍脾之阳升，燥烈之品伤胃之阴降，重伤脾胃望其康复实属万难。总之调脾胃之气以轻灵平淡为要，药性宜平，药味宜薄，以花类药物调之为最佳。其质轻芳香而升脾醒脾，味薄性平而和胃不伤阴，玫瑰花、佛手花、绿萼梅、合欢花、代代花之属为常用花类药物。

二、腑气内结，畅顺脾胃，以通下为先

六腑传化物而不藏，以降为和，以通为用。虽云调脾胃之气药宜轻灵平淡为要，但不可拘泥，但凡若病有腑气不通，二便不利，只要患者正气尚能任受攻伐，当先攻伐其积滞于内之实邪。《素问·标本病传论》："小大不利治其标，小大利治其本……谨察间甚，以意调之，间着并行，甚者独行，先小大不利而后生病者治其本。"脾胃之病腑气不通，浊气壅上，清阳不升，升降乖违，此时非用通降之法，则痞结难开，可根据病状轻重，或单独通腑伐下之后，再调脾胃，或调脾胃与下法同用。用之得当，二便一通，则病情理当减半。

三、健运中焦，寒温补清并用，可为常法

此为中焦脏腑的生理特点所决定，脾为阴脏，易虚易寒，宜补宜温宜燥；胃为阳腑，易实易热，宜泄宜清宜润。中焦之病虽有寒热虚实之分，但久之虚实夹杂，寒热互结，故调中焦之气病，常以寒温并用，补泻共施。若病以脾虚为主，则重以辛温补益为重，稍佐苦寒泄降为辅，如治疗以泄泻为主要症状的肠易激综合征，临证常用四逆异功散加桂枝、干姜、木香、炒黄连，获效较好，方中用四君子加桂枝、干姜辛温合阳，补气升脾，稍佐木香、黄连苦寒泄气降胃，"土得木而达"(《素问·宝命全形论》)，以四逆散疏肝柔肝而畅中焦。若病以胃实为重，以苦寒泄降为主，稍佐辛温补益为辅。此法以张仲景半夏泻心汤配伍最为精妙，临证常以此方治疗胃痛，胃痞胀为主要症状的慢性胃炎，方中黄连、黄芩苦寒泄降，稍佐生姜、党参辛温补益，两者合用，泄胃升脾，恢复中焦枢纽之升降和谐。

四、对胃黏膜萎缩、肠上皮化生、异型增生的中医认识

经过多年的临床经验积累与研究，认为胃黏膜变异之本为脾虚气弱，其标为胃热瘀毒，多因患者饮食不节，日久而致脾气虚弱，水湿不运，受胃热熏蒸而酿成毒，热毒互结，脉络瘀滞而成本病。然究其证，本虽虚，其象不彰；标之实，瘀热湿毒盛，故治之宜重治其标，兼以顾本。临证用红藤愈萎养胃汤治疗获效颇佳，方用黄连、九节茶、香茶菜清热解毒利湿，丹参、红藤活血化瘀，凉血散结，木香、半夏调气化痰，和胃止痛，党参益气健脾，扶正固本。诸药共奏清热解毒，祛痰利湿，健脾调气之功。

五、中医治疗胃黏膜病变及胃癌的研究方向和思考

目前认为慢性萎缩性胃炎，胃癌前病变与胃癌的发展有着密切的关系，自1988年Correa提出肠型胃癌的发病假说，目前国内外大多学者赞同：胃炎-萎缩性胃炎-肠上皮化生-异型增生-胃癌的发展模式，这一过程的进展是由多病因和多基因变异参与其中。西医对慢性萎缩性胃炎、胃癌前病变与胃癌的治疗，除了手术切除外，尚缺少有效的内科治疗方法，中药治疗有较好的疗效，是非常值得研究探索的领域。

为了探究中药治疗的方法、机理和作用靶点，经过一系列的研究发现，中药能够下调慢性萎缩性胃炎伴胃癌前病变患者的Bax、Fas、Ki－67基因表达水平，一定程度上降低sMG7－Ag，提高sPGⅠ、sPGII及sPGⅠ/sPGII，并能够显著改善胃黏膜的病理变化，消除向胃癌发展的风险。研究还发现，胃癌绝大多为正虚瘀毒内阻型，用中药“扶正祛邪”治疗能取得一定的疗效。TGFβ1和TβRⅠ可以视为一种“邪”的指标，追踪观察“扶正祛邪”的疗效。

通过研究，提出以中药是有机物质，胃黏膜通过胞饮方式将中药有效成分摄入胞内而产生基因纠错蛋白样作用为假说，进一步深入研究，并力图证明是何种成分起到主要治疗作用，为研制中药提取物打好基础。

高雅文

【杏林步履】高雅文(1963—　),女,浙江省杭州市萧山区人。杭州市萧山区中医院内科主任中医师,浙江中医药大学兼职教授。1987 年 7 月毕业于浙江中医学院,分配到萧山中医院任中医。1999 年 5 月—2000 年 4 月在浙江大学附属第一医院内分泌科进修学习。1999—2003 年在职就读浙江中医学院研究生班,2003 年获硕士学位。1998 年入选萧山市首批医药卫生学科带头人培养人选,2007 年 4 月入选萧山区 2006 年度杭州市新世纪“131”优秀中青年人才培养计划第三层次培养人选。2010 年 5 月被评为杭州市基层名中医。2011 年 5 月获杭州市“131”人才证书。2004 年晋升为主任中医师。现任杭州市中医药协会中医内科专业委员会委员、浙江省中医药学会内科分会委员会委员等。

【医学传承】自 1987 年从浙江中医学院中医学本科毕业后,一直从事中医临床工作。1999—2003 年在导师徐珊教授指导下,攻读硕士学位。徐珊教授的悉心指导,受益匪浅,特别是徐珊教授治病必护胃气的临证思想,一直指导着临床实践,试之常能见效。

【学术研究】从事中医药诊治糖尿病临床工作,并开展有关临床研究,主持和参与完成省市级科研课题 4 项、区级课题 3 项。“鲜鱼腥草胶囊开发”获中华中医药学会科学技术三等奖,“鲜鱼腥草治疗小儿肺部感染性疾病的临床与实验研究”获浙江省中医药科学技术创新三等奖,“机关干部、学校教师脂肪肝患病现状和中医辨证分型关系的研究”获浙江省中医药科学技术创新三等奖,“夜咳宁治疗小儿咳嗽的临床与实验研究”获杭州市医药卫生科技进步三等奖,其他获萧山区科技进步三等奖 3 项。参与编著《儿童中医调养》一书,由中国科学技术出版社正式出版发行。发表各级论文 10 余篇。从事临床 25 年,对内科常见病、多发病及疑难杂症有一定的体会,对中医药诊治糖尿病、代谢综合征、甲状腺疾病等有一定的临床经验。

中医药诊治糖尿病具有悠久的历史和特色,通过临床实践,认为糖尿病的病机关键是脾气虚弱,治疗当从脾论治,并体现个体化的辨证论治原则。

糖尿病是一种常见的内分泌代谢病,临床以多饮、多食、小便多,久则身体消瘦,或尿有甜味等为主要症状的一类病证,属中医学的“消渴”范畴,亦称“消瘅”“消中”。历代医家大多认为糖尿病的病位在肺、胃、肾三脏,病机主要在于阴津亏损，燥热偏胜，而以阴虚为本，燥热为标。在临床上将其分为上、中、下三消，迁延日久则致气阴两伤或阴阳俱虚，治疗上以滋阴、清热、润燥为大法。但随着生活水平的提高，生活方式和饮食结构的改变，糖尿病的发病原因、病机也在不断地演化。经过对糖尿病病因研究的深入，饮食不节已是公认的主要发病原因之一，而饮食劳倦最易伤脾。同时由于现代对糖尿病的检测手段较前人先进，因而约50%的2型糖尿病病人没有口干、多饮、多食、多尿及消瘦症状便已得到诊断，临床首先表现为脾气受损的症状，如形体肥胖，困倦怠动，动则汗出，口中黏腻，舌苔厚腻等脾虚气弱、湿阻之象，故治疗上也应作相应的调整，以健脾益气祛湿化瘀滞为主。

脾位于中焦，脾在味为甘，主运化升清，主肌肉四肢，为后天之本，气血生化之源。只有脾气健运，饮食水谷精微的消化、吸收与转输的功能才能旺盛，才能实现对营养物质的消化、吸收和运输的功能。饮食进入体内，没有为人体所利用，这主要是因为“脾失健运”，精气不升，津液不布所致。饮食的消化、吸收、利用功能，主要在脾，血糖等物质是饮食所化之精微，若脾失健运，血糖等就不能输布脏腑营养四肢，血糖增高而致本病。可见只有脾旺才能为胃行其津液，使肺通调水道，使津液自生而消渴除。综上所述，脾之虚弱是本病的基本病理，健脾益气法则是本病的治疗大法。

一、病机认识

通过中医药诊治2型糖尿病的临床体会及学习前人治疗糖尿病的经验，对糖尿病的发病机制有了新的认识。由于时代的不同，人的体质、饮食结构、生活方式、自然和社会的环境发生了改变，疾病也发生了变化，糖尿病与古人所论及的消渴病存在着一定的差异。今人生活条件有了极大改善，长期饮食不节，嗜食肥甘厚味等高动物脂肪、高胆固醇、高热量饮食后，又少运动，营养物质的摄入超过了脾的运化功能，脾长期地超负荷运作，最终使脾气受损，机体能量摄入利用、代谢能力、消耗之间失去了平衡而为糖尿病。

1. 脾气虚弱，运化失司

《灵枢·本藏》篇曰：“脾脆则善病消瘅。”现代医学认为糖尿病是因为胰岛素绝对或相对不足，或胰岛素抵抗，导致糖代谢紊乱，而糖等水谷精微需靠脾的运化而布散全身，当脾失运化，不能尽转输之责时，血中之糖不得输布于脏腑及营养四肢，血糖升高而致本病。近代医家也认为脾虚关系到糖尿病的发生、发展与转归，是糖尿病重要的病理基础。

2. 脾气虚弱，阴津亏耗

2型糖尿病多为中老年人。人过中年，脾气渐衰，运化失健，不能为胃行其津液，津液不得上输于肺，机体津液亏乏，且糖尿病大多是一个慢性的渐变过程，日久必使脾之气阴俱损，脾气虚弱升清失职，清气下陷，水精随浊阴下趋膀胱，随尿液丢失，而现脾阴不足。

3. 脾气虚弱，湿邪阻滞

现代人工作压力大，精神负担重，思虑劳神则伤脾。脾失健运，则不能输布水谷之精微，使水滞而为湿，谷滞而为浊，湿浊中阻，清阳不升，浊阴不降，津液失布而致口渴欲饮，湿浊滞于内而使形体肥胖，阻碍阳气的升发，而现阳气不足。脾阳虚弱，不能行其“蒸津液、化其精微”之功能。

4. 脾气虚弱，瘀血内停

气为血帅、血为气母，气运血，血载气，当各种原因引起脾气虚弱，运化无力，鼓动不得，而致瘀血内停。瘀滞既成，导致陈者当去而不去，新者当生而不生，气愈虚而愈瘀，愈瘀而愈虚，互为因果，变相为患。糖尿病是一个慢性病，久病必瘀，瘀滞内阻，致阳气不得敷布，津血不得畅荣，水津不能上输而发消渴。唐容川曰：“瘀血在里，则口渴。”“所以然者，血与气本不相离，内有瘀血，故气不得通，不能载水津上升，是以发渴……瘀血去则不渴矣。”

二、治法探讨

糖尿病是一种复合病因的综合病证，其病机关键在于各种病因致使脾脏受损，脾失健运。治疗当祛除病因，恢复脾的运化功能，使糖尿病得到控制。

1. 补脾益气法

用于脾气虚弱的糖尿病。症见神疲乏力，肢酸，便溏，舌淡红，苔薄白，脉虚者。以黄芪、山药、茯苓、白术、炙甘草为基本方。

2. 健脾化湿祛痰法

用于脾虚痰湿困阻。除脾虚气弱的主症外，还可见形体肥胖，口中黏腻，头重如裹，舌淡胖，苔白厚腻，脉沉缓。以基本方加苍术、厚朴、砂仁、米仁等。

3. 健脾养阴法

用于气虚及阴，脾之气阴俱虚。临床见脾虚的主症外，可见口渴不甚欲饮，手心灼热，大便或结或溏，小便短黄频数，舌质红少苔，脉细数无力。基本方加黄精、太子参等。

4. 健脾活血化瘀法

用于脾虚瘀滞的患者。临床见脾虚的主症外，可见手足麻木、刺痛、发凉，舌暗红或有瘀点，脉沉细无力等，以基本方加葛根、当归、丹参、泽兰等。

三、施治体会

1. 辨病与辨证相结合

糖尿病是一种慢性病，个体差异较大，即使同一病人不同的发病阶段，机体受损的情况也不一样，因此只辨病易忽视疾病的差异性，临诊要辨病与辨证相结合，方能全面合理施治。

2. 活血化瘀贯始终

糖尿病患者一旦发现血糖高，常常病已日久，并且多有高血黏度、高血脂等的存在，说明糖尿病早期就有瘀滞存在，因而治疗糖尿病，宜及早加入活血之品，活血化瘀思想要贯穿糖尿病治疗的始终。

3. 去除病因是关键

糖尿病是一种与饮食、情志、生活方式有着密切关系的疾病。中医与西医都认为饮食不节是糖尿病的发病原因之一，因此在治疗的过程中首先要关注病人的饮食情况，改变不良的饮食习惯，给予合理的饮食，才能取得较好的治疗效果。其次，要鼓励病人加强运动，消耗体内多余的膏脂，激发体内阳气的生发，促进体液的流动，助脾气布散体内的清气与津液。第三，糖尿病的发生及血糖控制优劣与人的情绪密切相关，现代人工作压力一般都比较大，因此，糖尿病患者学习释放压力，要“节喜怒”“减思虑”，怡情悦志，保持气血流通，以利病情的控制和康复。

吴国水

【杏林步履】吴国水(1970—),男,浙江省绍兴市人。浙江省绍兴市人民医院中医中药科主任,副主任中医师。1993 年 7 月毕业于浙江中医学院中医学专业,获学士学位。同年分配至绍兴市人民医院中医科并工作至今。2003 年起在职就读浙江中医药大学研究生班,2007 年获硕士学位。

【医学传承】1988—1993 年就读于浙江中医学院中医系,1993 年 8 月分配至浙江省绍兴市人民医院中医科。2001 年 8 月侍诊绍兴市名老中医陈祖皋半年,并多次问业于浙江省名中医范中明主任中医师,获益匪浅。陈师为绍兴名医潘文藻的关门弟子,为"绍派伤寒"传承发扬的中流砥柱。陈师医术精湛,学验俱丰,外感时病、内科、儿科、妇科均有较好临床疗效。范师对外感发热,危重急症,疑难杂症往往能屡起沉疴,药到病除。陈师、范师声誉显隆,一度使绍兴市人民医院成为中医重镇,求诊者络绎不绝,门庭若市。2005—2006 年在浙江中医药大学徐珊教授的指导下,完成硕士研究生论文并通过答辨,获硕士学位。任绍兴市医学继续教育中心、绍兴文理学院医学院兼职教师,主要讲授、辅导有关中医学专业知识。

【学术研究】从事中医内科门诊,主攻方向为消化系统疾病的中医药治疗。年门诊量达 15 000 人次,对功能性消化不良、慢性胃炎(糜烂性胃炎、萎缩性胃炎)、腹泻、便秘及消化道肿瘤术后、化疗后的中医药辅助治疗诊治经验丰富。发表《经方治疗功能性消化不良》《半夏泻心汤治疗胃肠道功能紊乱举隅》《半夏泻心汤治疗功能性消化不良机理探讨》《功能性消化不良的胃功能临床研究》《中西医结合治疗功能性消化不良 30 例》《小陷胸汤合丹参饮加味治疗慢性糜烂性胃炎的临床观察》等论文 20 余篇。

在临床诊治中,注意到慢性糜烂性胃炎发病率高,问诊于中医中药者较多,自拟小陷胸汤合丹参饮加味治疗,疗效确切,巩固时间长,兹略述体会如下。

一、病机认识衷中参西,提出"痰热中阻"证型

慢性糜烂性胃炎是胃镜检查的一种分型,是指各种病因引起胃黏膜慢性炎症,胃黏膜上皮完整性受损,病损不超过黏膜肌层,常见有平坦型糜烂和隆起型糜烂。主要与高酸、幽门螺杆菌(HP)感染、自身免疫和幽门功能不全、服用非甾体类消炎药、酗酒、进食粗糙刺激性食物等因素有关。上述因素可引起胃黏膜屏障

破坏,引起黏膜的损伤而发生糜烂及出血。治疗以制酸、保护胃黏膜、抗HP、促进胃肠动力、避免理化因素损害和微波点灼等疗法为主。西药治疗虽然可以取得很好的近期疗效,但复发率较高,且长期治疗会出现一些不良反应。

慢性糜烂性胃炎属中医学的“胃脘痛”范畴。大部分教材把“胃脘痛”分为寒邪客胃、饮食停滞、肝气犯胃、肝胃郁热、瘀血停滞、胃阴亏虚、脾胃虚寒等证型。在临床实践中,注意到该病病因相互影响,证型错综复杂,可辨证为痰热中阻证的慢性糜烂性胃炎在临床中也较常见,表现为胃脘部胀痛,压之疼痛,进食后尤甚,嗳气,泛酸,恶心欲呕,食欲不振,大便不畅或便秘,舌红,苔黄腻,脉弦滑。胃镜检查除了胃黏膜充血、糜烂外,胃部黏液较多,与中医的痰浊有相似之处。该证型胃脘胀痛,压之疼痛,或痞满胀滞,为痰浊中阻,气郁不通的表现;舌红、苔黄腻,为胃热之象;嗳气、泛酸、恶心欲吐、大便不畅或便秘为胃失和降的表现。

二、治疗以“清、降、行”为主,顺应胃之生理功能

治疗宜化痰降浊,清热和胃,理气止痛为主。基本药物:姜半夏15克,全瓜蒌30克,黄连10克,黄芩10克,焦山栀15克,吴茱萸3克,蒲公英30克,丹参30克,砂仁(后下)5克,白檀香(后下)6克,木香12克,川楝子12克,延胡索24克,海螵蛸30克,白及15克。方以小陷胸汤(瓜蒌,黄连,半夏)为主,小陷胸汤在《伤寒论》中原治伤寒表证误下,邪热内陷,痰热结于心下的“小结胸病,正在心下,按之则痛,脉浮滑者”。方中瓜蒌清热化痰,通胸膈之痹,黄连,泻热降火,除心下之痞,半夏降逆消痞,除心下之结,三药合用,为痰热互结,胸脘痞痛之良剂。痰热中阻,气郁不通,不通则痛,日久则气滞血瘀,治疗宜加用活血化瘀之剂方为全面。清代陈修园《时方歌括》言丹参饮(丹参、砂仁、檀香)“治心痛、胃脘诸痛”多效,具有活血化瘀,行气止痛之功。同时又说:“治心胃诸痛,服热药而不效者宜之。”说明该方药性稍偏于寒,宜于心胃痛偏瘀偏热者,亦与该病证相一致,用之亦甚为合拍。现代药理学表明,丹参饮可以促进胃黏膜微循环,促进胃黏膜修复、愈合。方中加用海螵蛸与白及,即乌及散,具有止酸止血,收敛生肌之功效。胃脘痛气郁化热的观点古代医家亦早有论述,如《丹溪心法》云:“郁而生热,或素有热,虚热相搏,结郁于胃脘而痛。”现代医学认为慢性糜烂性胃炎的一个重要原因是幽门螺杆菌(HP)感染所致。本方中再选用黄芩、焦山栀、蒲公英等清热燥湿,泻火解毒药,除与痰热中阻病机相符外,现代药理学证实尚有抑菌抗炎的作用,可有效地根治HP,从而为促进黏膜的愈合、减少病证的复发起着根本性的作用。全方痰热同消,气血同治,具有清热化痰,降浊和胃,理气止痛,活血化瘀,止酸生肌之功效,能

有效地抑制胃酸分泌,抗炎杀菌,解痉止痛,改善胃黏膜微循环,促进糜烂面愈合,从而有效地防治糜烂性胃炎,达到治愈本病的目的。

三、分清脾胃特性,慎用升提益气之品

脾胃关系历来论述充分、明确。脾主运化,主升清,胃主受纳腐蚀,主通降;脾胃同居中焦,脾宜升则健,胃宜降则和;胃喜润恶燥,脾喜燥恶湿,燥湿相济,方能维持饮食物的正常消化输布。在治疗胃病的论述中,大都要提到脾气的升提功能。但在治疗糜烂性胃炎时,注意到胃脘胀、痛,压之疼痛等实证,以痰浊、水湿、瘀热等互结中焦为主,治疗宜清、降、行等法,使邪有出路,不宜过早使用参、芪、草,枣等升提益气之品,以免壅气闭气。通常补益升提之品令人中满,影响胃的通降功能,易致闭门留寇。一旦上述病理因素衰其大半,厚黄腻苔转薄或舌红少苔乏津,脉弦滑转沉细,气虚、阴虚,或气阴两亏显现者,方可考虑益气养阴,健脾运脾之品。药用太子参、麦冬、石斛、绿萼梅、代代花、川朴花、化橘红、玉竹等辛润流动之品,忌砂仁、蔻仁、厚朴香燥伤阴之属,这也是减少胃病缠绵难愈,容易复发的关键所在。

江凌圳

【杏林步履】江凌圳(1970—),女,浙江省宁海县人。浙江省立同德医院(浙江省中医药研究院)副主任中医师,中医文献信息研究所副所长。1989年考入浙江中医学院针推系针灸学专业学习,1994年毕业分配到浙江省中医药研究院中医文献信息研究所从事中医文献信息研究工作,并参加中医针灸门诊。擅长针灸治疗中风、脑萎缩等脑血管疾病及失眠、抑郁症等精神科疾病,与孔尧其主任中医师创建针灸治神疗法。2003年起在职就读浙江中医学院研究生班,2005年获硕士学位。现任浙江省针灸学会头针分会副主任委员。

【医学传承】2003年攻读硕士学位期间,师从徐珊教授。在徐珊教授指导下,完成"五汁饮对温病高热伤阴作用的实验研究"课题并撰写硕士论文。

【学术研究】长期从事中医文献信息研究和中医针灸临床工作,在中医古籍文献整理研究方面积有丰厚的心得,先后主持国家中医药管理局、浙江省科技厅、浙江省中医药管理局课题8项,参加课题10多项,获各级成果奖10余项次,其中省部级成果奖3项次。主持的浙江省中医药管理局课题"针灸治疗中风专题数据库的开发研制"获浙江省中医药科技进步三等奖,主持的浙江省科技厅课题"浙江省中医药科技信息平台建设"获浙江省中医药科技进步二等奖。2008—2011年主持浙江省科技厅重大专项"浙江优势药用资源标准化整理和评价技术研究"。参加2010—2013年中央财政公共卫生专项、国家中医药管理局课题"中医药古籍保护与利用能力建设"项目,负责中医古籍《彤园妇科》和《医林纂要探源》的整理研究。参加的课题"大型中医珍贵古籍《医方类聚》的深入整理与研究"(排名第五)获2008年浙江省科学技术二等奖,"王孟英著述的发掘、整理与研究"(排名第五)获2008年浙江省科学技术三等奖,"中医优势病种治疗方法的古今文献整理研究"成果获2011年度浙江省中医药科技进步二等奖和浙江省科学技术三等奖。

合作出版专著10余部,发表学术论文多篇。《王孟英医学全书》1999年8月中国中医药出版社出版(排名第五),《温病学派四大家研究》2000年6月中国中医药出版社(排名第五),《中医湿热病证治》2003年人民卫生出版社出版(排名第四),《病毒性疾病中医验方》2004年人民卫生出版社出版(排名第四)。《医方类聚》(重校本,约1 200万字)2006年人民卫生出版社出版(排名第五),《中医治疫名论名方名案》2006年人民卫生出版社出版(排名第三),《此事难知》(校点本)

2008年中国中医药出版社出版(主校),《常见中医优势病种治法集粹》2009年由人民卫生出版社出版(排名第三),《脉学类聚》(290万字)2011年3月由人民军医出版社出版(副主编)。

从医18年,擅长针灸治疗中风、脑萎缩等脑血管疾病及失眠、抑郁症等精神科疾病,倡导针灸从神论治,提出针灸治神疗法。2011年与孔尧其主任中医师主编出版了专著《针灸从神论治精神疾病》(人民卫生出版社出版)。在导师徐珊教授的指导下,治疗上强调“脾胃为本,重视后天”,脾胃为“水谷之海”“气血生化之源”,为后天之本,“胃气壮,五脏六腑之气皆壮也”。在针灸治疗的过程中,对一些体弱、消瘦、失眠等属气血生化乏源,精微不足,无以充养者,多从脾胃入手,尤其是年逾不惑的患者,在从神论治的基础上,加用中脘、下脘、天枢、足三里等针刺、艾灸并用,标本兼治,充其后天,生其气血,调其阴阳,往往事半功倍,收效良多。

邓建平

【杏林步履】邓建平(1971—　),女,浙江省杭州市人。杭州市第三人民医院中医科副主任中医师。1988—1993年在浙江中医药大学中医学专业学习,获学士学位。毕业后分配到杭州市第四人民医院工作。2006年调入杭州市第三人民医院中医科工作。2004年起在职就读浙江中医药大学研究生班,2008年获硕士学位。2008年晋升为副主任中医师。

【医学传承】自1997年起,一直跟随杭州市第四人民医院俞尚德主任医师临证。俞老师承上海名医蔡济平,行医60余载,为浙江省名中医,第二批全国老中医药专家学术经验继承工作指导老师,对消化系统疑难疾病治疗有独到经验,其所倡导的“审病辨证,辨证治‘病’”的诊疗思维方式,临床每见良效。2006年完成浙江省省级名中医学术经验继承工作,获出师证书。2004—2008年在徐珊教授指导下攻读中医内科学专业硕士学位。有幸跟随两位名医临证学习,令其获益匪浅,开阔了眼界,同时也从两位导师勤勉治学、认真负责的工作态度中感受到了“大医精诚”之要义。

【学术研究】从事中医药诊治消化系统疾病的基础与临床研究,主持和参加省市级等科研课题3项,参与出版著作2部。从医近20年,擅长治疗慢性胃炎、胃与十二指肠溃疡、反流性食管炎、慢性结肠炎、肠易激综合征、消化不良等消化系统疾病。

慢性萎缩性胃炎是以胃黏膜固有腺体萎缩为主要表现的慢性炎症,其发生发展与年龄、幽门螺杆菌、饮食、吸烟以及伴随的其他胃病有关,与胃黏膜的肠上皮化生、异形增生、直至癌变有密切的关系,故慢性萎缩性胃炎的发展变化是胃癌演变过程中的关键环节。慢性萎缩性胃炎及其癌前病变属于中医学“胃脘痛”“胃痞”范畴,慢性萎缩性胃炎的病因病机与气虚和/或气滞兼有血瘀有关。病变以脾胃为中心,以脾胃虚弱为本,气机失调为标,络阻血瘀为象。

一、病因病机

1. 脾胃虚弱为本

“久病必虚”,气虚是慢性萎缩性胃炎的主导病因。慢性萎缩性胃炎大多反复发作,迁延日久,致使脾胃受损,出现面色萎黄,胃脘饱胀,纳食不馨,少气乏力等脾胃气虚症状。

2. 气机失调为标

慢性萎缩性胃炎患者常见上腹部饱胀，嗳气等症，究其原因，乃脾胃气虚，运化失职，升降失司，气机阻滞，故脘腹痞满，以空腹为甚，进食后和，此为“虚痞”。胃失和降，则嗳气时作。

3. 络阻血瘀为象

“久病入络”，慢性萎缩性胃炎从胃镜所见分析，黏膜苍白，透见血管网及组织的腺体萎缩等，是络阻血瘀的现象，为“久病必瘀”的微观表现。气为血帅，气行则血运，由于久病气虚不能助血运行，故气虚为血瘀的主导。临床表现则为胃脘隐痛或胀痛时作，痛处固定。

二、常用治疗方法

1. 益气健脾

益气健脾药大多有调节免疫功能的作用，能改善胃肠道的消化、吸收和运动功能，促进胃黏膜的修复。可用黄芪、党参、甘草等益气补中，茯苓白术等健脾化湿。黄芪能改善细胞营养，促进蛋白质的合成和能量代谢，保护胃腺体，促进癌前细胞的凋亡。党参、甘草补中益气，有修复胃黏膜的作用。

2. 行气和中

胃以和为贵，脾主升清，胃主和降，脾胃气虚，运化失职，升降失司，则气机阻滞。胃病在胃，而与肝脾二脏关系最为密切，肝主疏泄，脾胃升降协调，则气血生化有源，肝得滋养。若脾胃气虚，纳化无权，气血乏源，则肝失所养，肝血不足，体用偏亢，失于疏泄，横逆犯脾，则肝脾不和。故宜益气助运，疏肝和胃。可用党参、白术、甘草、白芍，配伍枳壳、厚朴、木香等。更以白芍柔肝养血，与甘草相伍，酸甘养阴，缓急止痛。

3. 通络行瘀

脾胃为气血生化之源。气旺则血充，气虚则血少。若气虚无力推动血运，则血运迟缓，涩滞沉积，瘀血阻络，可见脘腹隐痛，缠绵难愈，痛有定处，舌边有紫点或紫斑。宜用健脾益气，辅以活血祛瘀。慢性萎缩性胃炎的病理检查，大部分均有胃黏膜血管扭曲、血管壁增厚、管腔狭窄等改变。活血化瘀药可改善胃癌前病变胃黏膜微循环灌注，并建立侧支循环，使局部缺血缺氧得到改善，增加胃黏膜血流量，促进局部炎症吸收，使萎缩腺体复生，故临床应用此类药物疗效较为理想。益气与活血药并用，对久病气虚而致血运瘀滞的疗效较好。参三七含有大量三七皂苷，活血化瘀，调整机体免疫功能，提高巨噬细胞的吞噬率和吞噬指数，“善化瘀血，又善止血妄行”“化瘀血而不伤新血，实为理血妙品”。赤芍、当归、莪术、红花等均有促进胃内微循环的作用。

4. 清热解毒

如胃镜检查有胃黏膜的红斑或糜烂，这是脾运失健，湿热之邪郁久化腐所致，故应酌加清热解毒之品。但在久病气虚这种情况下，不可过用苦寒损伤胃气，可用香茶菜、七叶一枝花、蛇舌草等，均有较好疗效。

三、施治心得

慢性萎缩性胃炎伴有肠腺化生及异形增生尤其是重度异形增生者，有癌变可能，癌前病变可以经过治疗而逆转，益气和中通络之中草药有诱导胃癌前病变细胞凋亡的作用，从而可能有助于预防胃癌的形成。目前慢性萎缩性胃炎的发病机制仍未完全清楚，胃黏膜上皮细胞的过度凋亡可能是慢性萎缩性胃炎重要的发病机制之一，患有慢性萎缩性胃炎的病人，在其早期就存在胃黏膜细胞凋亡活跃现象，并且细胞凋亡的加速促进了萎缩性胃炎的发生。正常胃黏膜上皮完整性的维持有赖于细胞增生和凋亡的动态平衡，而凋亡调控基因蛋白的异常会影响这一动态平衡，导致胃黏膜细胞凋亡和增殖的异常。目前，正在研究中药对慢性萎缩性胃炎患者胃黏膜中与胃癌前病变相关的热休克蛋白 50(Hsp50)和 P53 蛋白表达的影响。

杨江升

【杏林步履】杨江升(1961—),男,浙江省富阳市人。富阳市人民医院中医科主任、主任中医师。1978 年考入浙江中医学院,1983 年本科毕业后赴丽水行医,1988 年调入富阳市人民医院,1996 年在浙江医科大学附属一院进修消化内科,2000 年在职就读于浙江中医药大学研究生班,2002 年获硕士学位。2002 年晋升为主任中医师,2010 年赴上海中山医院深造。2003 年被选拔为杭州市首批“131”优秀人才,2010 被评为杭州市名中医,2011 年被批准为杭州市名老中医药专家学术经验继承工作指导老师。为杭州市示范中医科学科带头人,现任杭州市中西医结合学会肿瘤分会委员、富阳市中医药学会常务理事等。

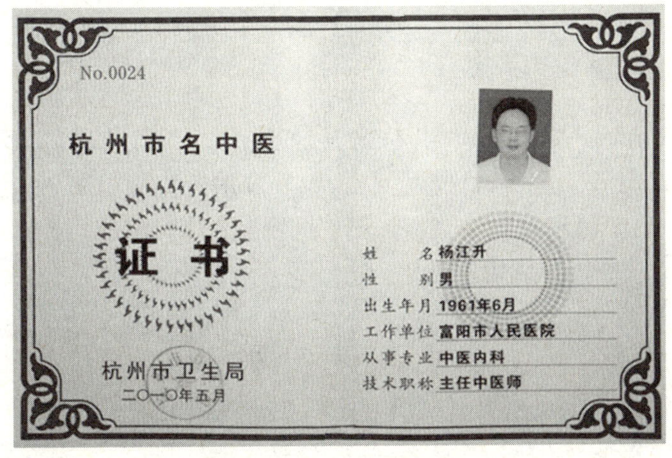
No.0024

杭州市名中医

证书

姓　　名 杨江升
性　　别 男
出生年月 1961年6月
工作单位 富阳市人民医院
从事专业 中医内科
技术职称 主任中医师

杭州市卫生局
二〇一〇年五月

杭州市名中医荣誉证书

【医学传承】2000—2002 年在导师项伯康教授和徐珊教授的指导下,攻读中西医结合临床专业消化方向硕士学位。两位学业和人生良师的指教,使其获益良多。2010 年起指导带教第二批杭州市名中医学术经验继承人汪霖、熊礼凤,目前师承工作进展顺利。

【学术研究】从事中医临床、教学和科研工作 28 年,主持并完成“宁肠汤治疗 IBS 的临床和实验研究”“宁心安神法对肠易激综合征模型大鼠胃肠激素影响的研究”2 项科研课题,成果获杭州市政府科技进步二等奖和三等奖各 1 项。发表学术论文 20 多篇,其中《宁肠汤治疗肠易激综合征临床和实验研究》2005 年获浙江省中医药学会优秀论文二等奖,《宁肠汤对腹泻型肠易激综合征模型大鼠 5-羟色胺影响的研究》2009 年获中华中医药学会优秀论文奖。本着"中医水平立足前沿,现代医学跟踪前进"的理念开展临床诊治和学术探讨,重视中医辨证与西医辨病相结合原则,强调先辨病,后辨证,即所谓微观上西医辨病,宏观上中医辨证,具有诊治各种消化系统的常见病、多发病及各种危急重症和疑难疾病的较强能力,尤其对诊治慢性胃炎、功能性胃肠病、肝硬化、胆石症、急慢性胰腺炎、胃癌前病变等取得满意疗效。

胃癌癌前病变是指胃黏膜异型增生,包括肠化、不典型增生,是一个病理概念。目前西医对胃癌癌前病变并无特效药物,而中医从诊断辨证、治则方药等方面进行了卓有成效的临床和实验研究。中医药治疗胃黏膜异型增生,是通过保护胃黏膜,改善胃黏膜血液循环,增强胃黏膜上皮细胞的再生和修复功能,不仅使胃黏膜萎缩的腺体逆转,甚至可使肠腺化生及不典型增生逆转,这是预防胃癌发生的有效措施。

一、常用治法

胃癌癌前病变至胃癌的癌变机理及其逆转治疗,与其他肿瘤一样,是个多因素、多步骤的长期演变过程,目前其发生、发展及治疗作用机制远未被阐明,因此需要在研究胃癌变机理过程中,积极探讨中医药治疗胃癌前病变的机理,并辨病与辨证结合,才能使治疗取得进展。

1. 扶正培本

通过临床观察,认为胃癌癌前病变患者均有不同程度存在着脾胃虚弱表现,治疗上可用黄芪建中汤、补中益气汤等。现代药理研究表明,扶正培本中药具有调节机体免疫功能,改善物质代谢,增强内分泌功能,促进机体康复等作用。应用于肿瘤机体,扶正培本中药具有抗突变,抑制癌细胞生长的作用,其抗癌机制可能为影响细胞分化、癌基因表达、癌细胞代谢及诱导癌细胞凋亡等,其协同抗癌作用主要在于对放化疗的增效减毒与对多药耐药的逆转两方面,还可因增强机体的抗肿瘤免疫反应而发挥其间接的抗肿瘤作用。

2. 解毒散结

热毒蕴结是恶性肿瘤发生和发展的重要病因病理之一,所以清热解毒中药在胃癌癌前病变的防治中也起着不可或缺的作用。近年来研究发现,解毒药如藤梨根、白毛藤、白花蛇舌草、半枝莲及散结药如香茶菜、刺猬皮等具有一定的防突变、抗氧自由基、抑制癌细胞及诱导肿瘤细胞凋亡的作用。幽门螺杆菌感染与胃癌癌前病变的形成关系密切，而中药特别是清热解毒类药物在治疗幽门螺杆菌感染中显示出良好前景。因此，对胃癌癌前病变的治疗，在辨证基础上加清热解毒及散结之药，可起到不容忽视的疗效。

3. 活血化瘀

胃癌癌前病变在内镜下可见黏膜花斑样改变、血管扭曲、血管显露、黏膜表面凹凸不平等。不典型增生、肠化生改变在瘀血型患者中较其他证型患者为严重。近年研究表明，应用活血化瘀药如丹参、赤芍、当归、莪术、水蛭、土鳖虫等治疗本病，可改善胃黏膜微循环，建立侧支循环，增加血流量，使局部缺血缺氧得到改善，局部炎症吸收及萎缩腺体复生，并可降低血液黏稠度，改善癌症患者的血液高凝状态，对抗肿瘤细胞引起的血小板凝集及瘤栓的形成，从而减少血栓对肿瘤细胞的保护，有利于免疫系统对肿瘤细胞的清除。

二、临证思考

中医药治疗胃癌癌前病变虽然有一定的特色和优势，但由于其疗效的评价方法及研究是在特殊的历史条件和背景下形成的，因此，在现代科学技术发展进程中，存在着一些需要重视和解决的问题。

1. 中医辨证与西医辨病

由于胃癌癌前病变临床症状复杂，辨证也出现多样化，但从临床实践看，无论其有多少中医证型，就西医角度而言，除肠化生，不典型增生程度差异外，其病理改变一致，所以探讨中医证型与内镜表现、病理结果、胃黏膜变化及细胞代谢改变等因素的相关性及其内在联系，有利于认识证型本质和开拓新的治疗途径。

2. 专病专药与重复验证

由于胃癌癌前病变患者的辨证多样化，治则也就多种多样，以至所选方药更是变化多端，因此总结出疗效确切，毒副作用小，可以重复的方药仍是今后临床治疗与研究中有待解决的问题，并应注意完成足够疗程，注意长期疗效随访观察。

3. 主观疗效与客观指标

由于胃癌癌前病变诊断最基本的是病理活检，从文献报道资料看，中医药治疗胃癌癌前病变的临床疗效评价很不一致，有的依靠临床症状的改善，有的按胃镜诊断为指标，有的以病理改变为依据，故应注意临床症状、内镜表现及病理活检的综合判断，并逐步应用分子生物学等新技术，使疗效的评价更客观、更科学。

三、随诊案例

健脾活血治疗慢性萎缩性胃炎。董某，女，46，公务员。2007 年 3 月中旬初诊，诉上腹胀闷，隐隐作痛反复近 2 年，加重 20 余天。刻诊：面色少华，脘腹隐痛，纳差便溏，舌淡红边有齿痕，苔白略腻，脉细而涩。胃镜提示胃黏膜红白相间而以白为主，2/3 以上黏膜萎缩；病理提示胃黏膜腺体萎缩伴肠化生Ⅱ度。中医诊断：胃脘痛（脾虚瘀滞）。西医诊断：慢性萎缩性胃炎。给予基本方（黄芪、桂枝、茯苓、陈皮、白芍、薏苡仁、当归、丹参、甘草）加炒白术、刺猬皮、香茶菜。服 6 剂后腹痛消失，大便成形，续服原方加减治疗 4 周，病趋稳定，遂停药 5 天，再守方服药 2 月余，自觉症状消失，舌脉基本正常。4 个月后胃镜复查示镜下胃黏膜花斑以红为主，黏膜下未见血管网；病理活检为胃黏膜轻度炎症，胃腺体无萎缩。2 年后胃镜复查显示仍为浅表性胃炎。

按：慢性萎缩性胃炎是炎症累及胃黏膜深处的腺体并引起萎缩为主要病理改变，可伴有肠上皮化生及假幽门腺化生，故治疗慢性萎缩性胃炎的关键在于恢复胃黏膜的正常腺体。根据“脾胃为气血生化之源”“久病必瘀”的中医理论，运用健脾活血法治疗脾虚瘀滞型慢性萎缩性胃炎，其作用机理是健脾养血可改善胃黏膜壁细胞线粒体的营养代谢，活血化瘀能促进胃黏膜腺体的血液循环而增加胃黏膜的血供，临床屡用都能收到满意效果。

该案例是辨病与辨证结合的体现。根据胃镜，明确了诊断，排除了肿瘤和溃疡等病变，就不致延误病情，并可有的放矢。需要重视的是在辨病与辨证结合运用时要注意以下三点：① 在辨病过程中既要辨知西医病名，也要辨明中医病证。② 西医辨病要知功能诊断与病理诊断，中医辨证要明舌苔与脉象。③ 西药运用会从一定程度上改变中医的证候特征，使中医证型发生转化，因此要掌握西药特点及其对中医证候变化的影响，根据不同阶段病变特征，实现辨病与辨证的有机结合，以期既减轻西药副作用，又提高临床之疗效。

任蕾萍

【杏林步履】任蕾萍(1978—　)，女，浙江省东阳市人。浙江中医药大学主治中医师。1996—2001 年在浙江中医药大学中医学专业学习，获学士学位。2001 年毕业留校在浙江中医药大学滨江门诊部工作。2004 年在职就读浙江中医药大学研究生班，2008 年获硕士学位。

【医学传承】2004—2008 年在导师徐珊教授指导下，在职攻读中医内科学专业硕士学位。

【学术研究】参与浙江省中医药科研计划项目“健力方治疗疲劳综合征的临床前实验研究”的研究，开展健力方（黄芪、党参、白术、桑寄生、补骨脂、木瓜）颗粒对小鼠抗疲劳及大鼠免疫功能影响的实验研究。通过临床实践和实验研究表明，中医药抗疲劳具有明显的特色和优势，对疲劳综合征的综合调理等有独到之处。

疲劳属于中医“劳倦”“虚劳”等范畴。发病与外邪、饮食、情志、劳倦及体质诸因素有关。导师通过长期的临床医疗实践，认为疲劳的发生不仅与脾、肾有关，而且与其他脏腑尤其是肝也有一定关系，在补益的同时也不能忽略调畅气机在抗疲劳中的重要作用。虚证是多数临床患者的主要表现，久则临床表现各异，本虚标实，虚实夹杂。要围绕脾肾亏虚，肝郁这一基本病机，以补脾益肾为主，兼以疏肝理气，行血化瘀进行辨治。

通常，运用补剂应“重调优于重补”“补疏结合”“寓疏于补”。① 在补益脾肾的同时不忘补肝肾，疏肝理气，调补结合。配伍疏肝理气药寓疏于补，在调的基础上进行补，调补并重。② 健脾不在补，而重在运。脾居中焦，为气机升降之枢纽，喜燥恶湿，故以调为补。

徐燕立

【杏林步履】徐燕立(1986—),女,浙江省杭州市人。复旦大学上海医学院(原上海医科大学)中西医结合临床专业在读博士研究生。2004—2009年就读于浙江中医药大学中医学(中西医临床方向)专业,2009年作为浙江省优秀毕业生推荐免试入读复旦大学上海医学院中西医结合临床专业硕士研究生,2011年以优异成绩硕博连读该专业博士研究生。

【医学传承】幼承庭训,耳闻目染,对家父徐珊教授和家母杨季国教授从事的中医药事业抱有浓厚兴趣,并将中医学专业作为高考第一志愿,承其家业,常侍诊于父母之侧,聆听指教,领悟真谛,立志继承发扬中医药事业。硕士研究生指导老师是复旦大学附属肿瘤医院中西医结合科主任孟志强教授,2011年始在上海市名中医、复旦大学附属肿瘤医院国际整合医学肿瘤中心主任刘鲁明教授指导下,攻读中西医结合临床专业肿瘤方向博士学位。

【学术研究】从事中西医结合治疗消化系统肿瘤的临床与实验研究。参与国家自然科学基金项目"从诱导胰腺癌干细胞多向分化角度探讨胰腺癌清胰化积方治疗后长期带瘤生存机理",以及"肝癌患者介入前后中医诊断研究"等的研究,主持和参加省级科研课题各1项,发表研究论文8篇,作为主要完成人的研究成果获浙江省科学技术三等奖1项。先后获国家奖学金、浙江省优秀毕业生、浙江省第五届"挑战杯"大学生创业计划竞赛二等奖(排名第一)、浙江省第十届"挑战杯"课外学术科技作品竞赛三等奖(排名第一)、石华玉医学专项奖学金、康宏医学二等奖学金、复旦大学一等奖学金、复旦大学优秀学生、复旦大学优秀学业奖学金、复旦大学附属肿瘤医院优秀硕士研究生奖、复旦大学博士新生优秀奖学金等。

原发性肝癌是临床常见恶性肿瘤之一,主要表现为肝区疼痛、肝大、黄疸、腹水、食欲减退、消瘦等,属于中医"胁痛""癥积""黄疸""鼓胀""昏迷"等病证范畴,具有恶性程度高、进展快、死亡率高等特点。目前,肝癌早中期主要以手术、放化疗为治疗手段,而对于中晚期及术后复发患者,多采取中西医结合治疗。中医辨证论治对提高患者生存质量,延长生存期具有重要作用。中医学认为,肝癌多由饮食不节、情志失调、过度劳累、毒邪侵袭等引起,病位在肝,涉及脾肾两脏,以脾虚为本,肝郁、血瘀、热毒、湿浊等为标,总病机为本虚标实,却不离乎气机郁滞。清代著名医家王旭高对肝病证治颇有心得,其在《西溪书屋夜话录》中提出的疏肝

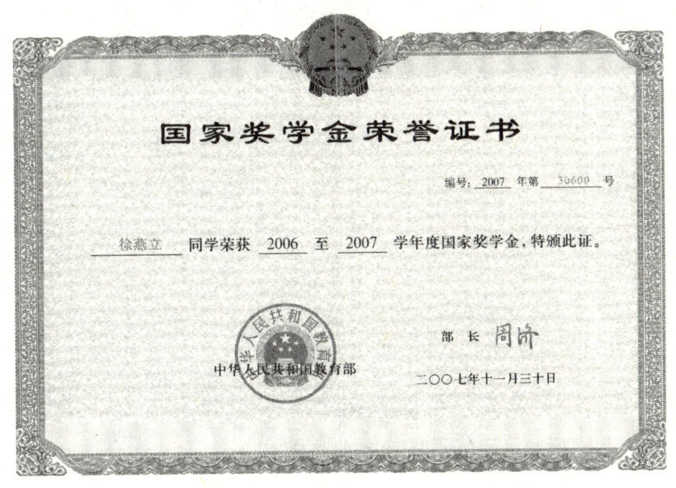

国家奖学金荣誉证书

编号：2007 年第 30600 号

徐燕立 同学荣获 2006 至 2007 学年度国家奖学金，特颁此证。

中华人民共和国教育部

部 长 周济

二〇〇七年十一月三十日

国家奖学金荣誉证书

优秀毕业生证书

徐燕立同学：

荣获浙江省普通高等学校优秀毕业生称号。

浙江省教育厅

二〇〇九年五月

浙江省优秀毕业生荣誉证书

理气、疏肝通络、柔肝、缓肝、培土泻木、泄肝和胃、泄肝、抑肝的治肝气八法在肝癌治疗中具有一定指导意义。

一、肝气治法，进退有序，切合证情

王氏治肝气八法，前三法将疏肝与通、养结合运用，进退有序，切合肝癌症情复杂多变的特点。肝主疏泄，具有保持全身气机畅达，推动血和津液正常运行的作用。肝癌病人，多情志不遂，郁怒伤肝，疏泄失职，导致肝气郁结，久郁成积，且多数病人对癌症的恐惧忧虑，加重了肝气郁结的程度。临诊时病人多有胸胁胀痛，胸脘满闷，嗳气，头胀头痛，烦躁，苔薄白，脉弦等症状。此时最宜选用王氏治肝气第一法疏肝理气法。王氏云："如肝气自郁本经，两胁气胀或痛者，宜疏肝，香附、郁金、苏梗、青皮、橘叶之属。"其所用香附、郁金、苏梗、青皮、橘叶等药，具有辛香调气之功效，可见疏肝理气首宜辛开，正如《临证指南医案·卷六·肝风》所说："过郁者，宜辛、宜凉，乘势达之为妥。"然而，基于肝癌本虚标实的病机特点，用药应以"调"为主，不可用损胃、耗气、伤阴之品。因此，王氏疏肝理气法中未提及柴胡。临床多用郁金、枳壳、香附、八月札、绿梅花、川朴花、佛手花等性味平和之药，不致升发太过。

然而，肝癌病人变证颇多。肝郁气滞，脉道不利，血行不畅，日久则血瘀邪毒结于胁下，《素问·举痛论》云："血气稽留不得行，故宿昔而成积矣。"血瘀证是肝癌最常见的证候类型之一，临床表现为胁下积块增大，胁肋疼痛，出血，皮肤有瘀斑、瘀点，爪甲瘀点，舌质紫暗或有瘀斑，舌下络脉迂曲粗大，苔黄厚腻，脉涩等血瘀的症状和体征。王氏提出的疏肝通络法云："如疏肝不应，营气痹窒，络脉瘀阻，宜兼通血络，如旋覆、新绛、归须、桃仁、泽兰叶等。"可见，此法的着眼点是肝郁日久而成的血瘀之证。对于肝癌病人，临床多用丹参、川芎、元胡、郁金、桃仁、当归、鸡血藤等活血化瘀止痛。对于已形成的瘀血癥块，还可酌用炮山甲、夏枯草、猫爪草、山慈菇等软坚散结。易于出血是肝癌的病症特点之一，用药时应慎用水蛭、地鳖虫等药性峻烈的破血逐瘀之品，可用黄芩炭、赤芍、丹皮、仙鹤草等凉血化瘀止血而不动血之品。

肝癌之毒，走窜迅速，极易耗伤气阴，又加之手术、放化疗、介入等治疗，更使机体津液耗损，阴血亏虚，而肝阴又以肾阴为化源，乙癸同源，临床常见肝肾阴虚的证候，主要表现为：面色晦暗，眩晕乏力，盗汗低热，腰膝酸软，口干咽燥，舌红少津或红绛而干，苔光剥，脉弦细数。肝藏血，主疏泄，体阴而用阳，若阴血已伤，用辛燥疏肝之品则阴血更伤，亦不可一味攻毒，当养血柔肝，滋阴清热生津为宜。王氏云："如肝气胀甚，疏之更甚者，当柔肝。当归、枸杞子、柏子仁、牛膝。兼热，加天冬、生地；兼寒，加苁蓉、肉桂。"临床对于肝癌见有肝肾阴虚证候者，可用沙参、麦冬、玉竹、石斛、黄精、枸杞、生地、女贞子、炙龟板等养阴之品，使得阴津得存，生机得见。

二、治肝之法，健脾益气，扶正抗癌

肝癌之病位虽在肝，但脾虚对肝癌的发生发展有至关重要的作用。若脾胃健旺，则气血得以运行全身，正气充盛，则癌毒虽剧，却不能轻易损伤机体；若脾失健运，气血亏虚，则癌毒邪气稽留，极易变生他证，诚如《医宗必读·积聚》所言："积之成者，正气亏虚而后邪气踞之。"在治疗上应时刻注重调理脾胃，慎用峻猛之剂，以免戕伐正气，犯虚虚实实之过。因而，治肝法总是与扶正健脾相佐而行。肝癌患者病之初起，脾胃功能尚可，可用王氏培土泻木法，其云："肝气乘脾，脘腹胀痛，六君子汤加吴茱萸、白芍、木香。"临诊时可酌加鸡内金、六神曲、谷麦芽、山楂等开胃之品顾护脾胃；若脾虚湿阻，湿壅中焦，滞而化热，熏蒸肝胆，胆汁外溢，见身目发黄，尿黄，皮肤发痒，可加用茵陈、虎杖、焦山栀、金钱草、车前草、七叶一枝花、半枝莲等清热利胆退黄。

肝癌日久，脾胃虚弱明显者，可用缓肝法。王氏云："如肝气胀甚而中气虚者，当缓肝。炙甘草、白芍、大枣、橘饼、淮小麦。"此法立足点是中气素虚而肝气急之证，治疗偏于健脾以缓肝急，治法归于疏肝健脾一类。病之渐者，脾气耗伤，出现倦怠乏力，纳差便溏等症状，可用黄芪、党参、白术、山药等益气健脾；脾失健运，水湿内停，出现脘腹胀满，口中黏腻，口臭，舌苔厚腻等，可用砂仁、豆蔻、杏仁、薏苡仁等醒脾化湿；脾虚日久，水液潴留而出现面浮肢肿，腹胀如鼓的症状，可酌加大腹皮、冬瓜皮、玉米须、车前草等利水化湿之品。

三、治肝之病，知其传变，辨证施治

肝癌病人经手术或放化疗后，经常出现胃肠道症状。中医学认为，此为热毒犯胃，肝胃郁热之证，临床症见嗳气吞酸，脘胁部烧灼感或灼痛，口苦咽干，舌红，苔薄黄，脉弦等。王氏云："肝气乘胃，脘痛呕酸，二陈加左金丸，或白蔻、金铃子。"又云："如肝气上冲于心，热厥心痛，宜泄肝。金铃、延胡、吴萸、川连。兼寒，去川连，加椒、桂；寒热俱有者，仍入川连，或再加白芍。盖苦、辛、酸三者，为泄肝之主法也。"此泄肝和胃及泄肝法均可用于治疗肝郁化火，横逆犯胃的肝胃不和病证，前者病势稍缓，后者病势较急。临诊可用吴萸、川连、青蒿梗、黄芩、木蝴蝶、浙贝、郁金、元胡等疏肝清热和胃止痛。若病势急，疼痛剧者，加九香虫、失笑散；嗳气频繁者，加旋覆花、代赭石；吞酸甚者，加海螵蛸、煅瓦楞子。

肝癌晚期，脾虚日久，延及肺肾，水液滞留，腹胀如鼓，上凌心肺，可见喘息不得卧，心悸不安等症状。王氏云："肝气上冲于肺，猝得胁痛，暴上气而喘，宜抑肝。如吴茱萸炒桑皮、苏梗、杏仁、橘红之属。" 此法多用于肝气犯肺之证。本证虚实夹杂，涉及肝、脾、肺等多个脏腑。治疗上应遵"急则治其标，缓则治其本"的原则，分清主次，标本兼顾。若喘促心悸甚者，可用淡附片、白术、芍药、桂枝、沉香、磁石等温阳利水，平冲降逆，同时加用泽泻、冬瓜皮、大腹皮等利水渗湿之品缓解腹水症状。症状缓解后，可用健脾益肾之剂以培土固本。

总之，王旭高治肝气八法是针对肝脏的生理功能和病理特点的综合疗法。肝癌的病情进展较快，尤其到了中晚期，虚实错杂，变证频出，临床治疗应辨证论治，随证运用肝气治法，以期提高疗效。